贝克通识文库

李雪涛　主编

大家小书·译馆

航海史

[德] 罗伯特·伯恩 著

温馨 译

北京出版集团
北京出版社

著作权合同登记号：图字 01-2020-0808

GESCHICHTE DER SEEFAHRT by Robert Bohn
© Verlag C.H.Beck oHG, München 2011

图书在版编目（CIP）数据

航海史 /（德）罗伯特·伯恩（Robert Bohn）著；温馨译．— 北京：北京出版社，2024.8
（大家小书．译馆）
ISBN 978-7-200-16120-5

Ⅰ.①航… Ⅱ.①罗…②温… Ⅲ.①航海—交通运输史—世界 Ⅳ.①F551.9

中国版本图书馆CIP数据核字（2021）第009181号

总 策 划：	高立志　王忠波	选题策划：	王忠波
责任编辑：	王忠波　刘　瑶	学术审读：	谭玉华
责任营销：	猫　娘	责任印制：	燕雨萌
装帧设计：	吉　辰	插图绘制：	李一凭　张博雅

大家小书·译馆

航海史

HANGHAI SHI

[德]罗伯特·伯恩　著
温馨　译

出　　版	北京出版集团
	北京出版社
地　　址	北京北三环中路6号
邮　　编	100120
网　　址	www.bph.com.cn
总 发 行	北京伦洋图书出版有限公司
印　　刷	北京汇瑞嘉合文化发展有限公司
经　　销	新华书店
开　　本	880毫米×1230毫米　1/32
印　　张	5.75
字　　数	100千字
版　　次	2024年8月第1版
印　　次	2024年8月第1次印刷
书　　号	ISBN 978-7-200-16120-5
定　　价	49.00元

如有印装质量问题，由本社负责调换
质量监督电话　010-58572393

接续启蒙运动的知识传统
——"贝克通识文库"中文版序

一

我们今天与知识的关系,实际上深植于17—18世纪的启蒙时代。伊曼努尔·康德(Immanuel Kant,1724—1804)于1784年为普通读者写过一篇著名的文章《对这个问题的答复:什么是启蒙?》(*Beantwortung der Frage: Was ist Aufklärung?*),解释了他之所以赋予这个时代以"启蒙"(Aufklärung)的含义:启蒙运动就是人类走出他的未成年状态。不是因为缺乏智力,而是缺乏离开别人的引导去使用智力的决心和勇气!他借用了古典拉丁文学黄金时代的诗人贺拉斯(Horatius,前65—前8)的一句话:Sapere aude!呼吁人们要敢于去认识,要有勇气运用自己的智力。[1] 启蒙运动者相信由理性发展而来的知识可

---

[1] Cf. Immanuel Kant, *Beantwortung der Frage: Was ist Aufklärung?* In: *Berlinische Monatsschrift*, Bd. 4, 1784, Zwölftes Stück, S. 481–494. Hier S. 481. 中文译文另有:(1)"答复这个问题:'什么是启蒙运动?'"见康德著,何兆武译:《历史理性批判文集》,商务印书馆1990年版(2020年第11次印刷本,上面有2004年写的"再版译序"),第23—32页。(2)"回答这个问题:什么是启蒙?"见康德著,李秋零主编:《康德著作全集》(第8卷·1781年之后的论文),中国人民大学出版社2013年版,第39—46页。

以解决人类存在的基本问题,人类历史从此开启了在知识上的启蒙,并进入了现代的发展历程。

启蒙思想家们认为,从理性发展而来的科学和艺术的知识,可以改进人类的生活。文艺复兴以来的人文主义、新教改革、新的宇宙观以及科学的方法,也使得17世纪的思想家相信建立在理性基础之上的普遍原则,从而产生了包含自由与平等概念的世界观。以理性、推理和实验为主的方法不仅在科学和数学领域取得了令人瞩目的成就,也催生了在宇宙论、哲学和神学上运用各种逻辑归纳法和演绎法产生出的新理论。约翰·洛克(John Locke,1632—1704)奠定了现代科学认识论的基础,认为经验以及对经验的反省乃是知识进步的来源;伏尔泰(Voltaire,1694—1778)发展了自然神论,主张宗教宽容,提倡尊重人权;康德则在笛卡尔理性主义和培根的经验主义基础之上,将理性哲学区分为纯粹理性与实践理性。至18世纪后期,以德尼·狄德罗(Denis Diderot,1713—1784)、让-雅克·卢梭(Jean-Jacques Rousseau,1712—1778)等人为代表的百科全书派的哲学家,开始致力于编纂《百科全书》(*Encyclopédie*)——人类历史上第一部致力于科学、艺术的现代意义上的综合性百科全书,其条目并非只是"客观"地介绍各种知识,而是在介绍知识的同时,夹叙夹议,议论时政,这些特征正体现了启蒙时代的现代性思维。第一卷开始时有一幅人类知识领域的示意图,这也是第一次从现代科学意义上对所有人类知识进行分类。

实际上，今天的知识体系在很大程度上可以追溯到启蒙时代以实证的方式对以往理性知识的系统性整理，而其中最重要的突破包括：卡尔·冯·林奈（Carl von Linné，1707—1778）的动植物分类及命名系统、安托万·洛朗·拉瓦锡（Antoine-Laurent Lavoisier，1743—1794）的化学系统以及测量系统。[1]这些现代科学的分类方法、新发现以及度量方式对其他领域也产生了决定性的影响，并发展出一直延续到今天的各种现代方法，同时为后来的民主化和工业化打下了基础。启蒙运动在18世纪影响了哲学和社会生活的各个知识领域，在哲学、科学、政治、以现代印刷术为主的传媒、医学、伦理学、政治经济学、历史学等领域都有新的突破。如果我们看一下19世纪人类在各个方面的发展的话，知识分类、工业化、科技、医学等，也都与启蒙时代的知识建构相关。[2]

由于启蒙思想家们的理想是建立一个以理性为基础的社会，提出以政治自由对抗专制暴君，以信仰自由对抗宗教压迫，以天赋人权来反对君权神授，以法律面前人人平等来反对贵族的等级特权，因此他们采用各民族国家的口语而非书面的拉丁语进行沟通，形成了以现代欧洲语言为主的知识圈，并创

---

[1] Daniel R. Headrick, *When Information Came of Age: Technologies of Knowledge in the Age of Reason and Revolution, 1700-1850*. Oxford University Press, 2000, p. 246.

[2] Cf. Jürgen Osterhammel, *Die Verwandlung der Welt: Eine Geschichte des 19. Jahrhunderts*. München: Beck, 2009.

造了一个空前的多语欧洲印刷市场。[1]后来《百科全书》开始发行更便宜的版本，除了知识精英之外，普通人也能够获得。历史学家估计，在法国大革命前，就有两万多册《百科全书》在法国及欧洲其他地区流传，它们成为向大众群体进行启蒙及科学教育的媒介。[2]

从知识论上来讲，17世纪以来科学革命的结果使得新的知识体系逐渐取代了传统的亚里士多德的自然哲学以及克劳迪亚斯·盖仑（Claudius Galen，约129—200）的体液学说（Humorism），之前具有相当权威的炼金术和占星术自此失去了权威。到了18世纪，医学已经发展为相对独立的学科，并且逐渐脱离了与基督教的联系："在（当时的）三位外科医生中，就有两位是无神论者。"[3]在地图学方面，库克（James Cook，1728—1779）船长带领船员成为首批登陆澳大利亚东岸和夏威夷群岛的欧洲人，并绘制了有精确经纬度的地图，他以艾萨克·牛顿（Isaac Newton，1643—1727）的宇宙观改变了地理制图工艺及方法，使人们开始以科学而非神话来看待地理。这一时代除了用各式数学投影方法制作的精确地图外，制

---

[1] Cf. Jonathan I. Israel, *Radical Enlightenment: Philosophy and the Making of Modernity 1650-1750*. Oxford University Press, 2001, p. 832.

[2] Cf. Robert Darnton, *The Business of Enlightenment: A Publishing History of the Encyclopédie, 1775-1800*. Harvard University Press, 1979, p. 6.

[3] Ole Peter Grell, Dr. Andrew Cunningham, *Medicine and Religion in Enlightenment Europe*. Ashgate Publishing, Ltd. , 2007, p. 111.

图学也被应用到了天文学方面。

正是借助于包括《百科全书》、公共图书馆、期刊等传播媒介，启蒙知识得到了迅速的传播，同时也塑造了现代学术的形态以及机构的建制。有意思的是，自启蒙时代出现的现代知识从开始阶段就是以多语的形态展现的：以法语为主，包括了荷兰语、英语、德语、意大利语等，它们共同构成了一个跨越国界的知识社群——文人共和国（Respublica Literaria）。

当代人对于知识的认识依然受启蒙运动的很大影响，例如多语种读者可以参与互动的维基百科（Wikipedia）就是从启蒙的理念而来："我们今天所知的《百科全书》受到18世纪欧洲启蒙运动的强烈影响。维基百科拥有这些根源，其中包括了解和记录世界所有领域的理性动力。"[1]

二

1582年耶稣会传教士利玛窦（Matteo Ricci，1552—1610）来华，标志着明末清初中国第一次规模性地译介西方信仰和科学知识的开始。利玛窦及其修会的其他传教士入华之际，正值欧洲文艺复兴如火如荼进行之时，尽管囿于当时天主教会的意

---

[1] Cf. Phoebe Ayers, Charles Matthews, Ben Yates, *How Wikipedia Works: And How You Can Be a Part of It.* No Starch Press, 2008, p. 35.

识形态，但他们所处的时代与中世纪迥然不同。除了神学知识外，他们译介了天文历算、舆地、水利、火器等原理。利玛窦与徐光启（1562—1633）共同翻译的《几何原本》前六卷有关平面几何的内容，使用的底本是利玛窦在罗马的德国老师克劳（Christopher Klau/Clavius，1538—1612，由于他的德文名字Klau是钉子的意思，故利玛窦称他为"丁先生"）编纂的十五卷本。[1] 克劳是活跃于16—17世纪的天主教耶稣会士，其在数学、天文学等领域建树非凡，并影响了包括伽利略、笛卡尔、莱布尼茨等科学家。曾经跟随伽利略学习过物理学的耶稣会士邓玉函 [Johann(es) Schreck/Terrenz or Terrentius, 1576—1630] 在赴中国之前，与当时在欧洲停留的金尼阁（Nicolas Trigault，1577—1628）一道，"收集到不下七百五十七本有关神学的和科学技术的著作；罗马教皇自己也为今天在北京还很著名、当年是耶稣会士图书馆的'北堂'捐助了大部分的书籍"。[2] 其后邓玉函在给伽利略的通信中还不断向其讨教精确计算日食和月食的方法，此外还与中国学者王徵（1571—1644）合作翻译《奇器图说》（1627），并且在医学方面也取得了相当大的成就。邓玉函曾提出过一项规模很大的有关数学、几何

---

[1] *Euclides Elementorum Libri XV*, Rom 1574.
[2] 蔡特尔著，孙静远译：《邓玉函，一位德国科学家、传教士》，载《国际汉学》，2012年第1期，第38—87页，此处见第50页。

学、水力学、音乐、光学和天文学（1629）的技术翻译计划，[1]由于他的早逝，这一宏大的计划没能得以实现。

在明末清初的一百四十年间，来华的天主教传教士有五百人左右，他们当中有数学家、天文学家、地理学家、内外科医生、音乐家、画家、钟表机械专家、珐琅专家、建筑专家。这一时段由他们译成中文的书籍多达四百余种，涉及的学科有宗教、哲学、心理学、论理学、政治、军事、法律、教育、历史、地理、数学、天文学、测量学、力学、光学、生物学、医学、药学、农学、工艺技术等。[2]这一阶段由耶稣会士主导的有关信仰和科学知识的译介活动，主要涉及中世纪至文艺复兴时期的知识，也包括文艺复兴以后重视经验科学的一些近代科学和技术。

尽管耶稣会的传教士们在17—18世纪的时候已经向中国的知识精英介绍了欧几里得几何学和牛顿物理学的一些基本知识，但直到19世纪50—60年代，才在伦敦会传教士伟烈亚力（Alexander Wylie，1815—1887）和中国数学家李善兰（1811—1882）的共同努力下补译完成了《几何原本》的后九卷；同样是李善兰、傅兰雅（John Fryer，1839—1928）和伟烈亚力将牛

---

[1] 蔡特尔著，孙静远译：《邓玉函，一位德国科学家、传教士》，载《国际汉学》，2012年第1期，第58页。

[2] 张晓编著：《近代汉译西学书目提要：明末至1919》，北京大学出版社2012年版，"导论"第6、7页。

顿的《自然哲学的数学原理》(*Philosophiae Naturalis Principia Mathematica*, 1687) 第一编共十四章译成了汉语——《奈端数理》(1858—1860)。[1] 正是在这一时期,新教传教士与中国学者密切合作开展了大规模的翻译项目,将西方大量的教科书——启蒙运动以后重新系统化、通俗化的知识——翻译成了中文。

1862年清政府采纳了时任总理衙门首席大臣奕䜣(1833—1898)的建议,创办了京师同文馆,这是中国近代第一所外语学校。开馆时只有英文馆,后增设了法文、俄文、德文、东文诸馆,其他课程还包括化学、物理、万国公法、医学生理等。1866年,又增设了天文、算学课程。后来清政府又仿照同文馆之例,在与外国人交往较多的上海设立上海广方言馆,广州设立广州同文馆。曾大力倡导"中学为体,西学为用"的洋务派主要代表人物张之洞(1837—1909)认为,作为"用"的西学有西政、西艺和西史三个方面,其中西艺包括算、绘、矿、医、声、光、化、电等自然科学技术。

根据《近代汉译西学书目提要:明末至1919》的统计,从明末到1919年的总书目为五千一百七十九种,如果将四百余种明末到清初的译书排除,那么晚清至1919年之前就有四千七百多种汉译西学著作出版。梁启超(1873—1929)在

---

[1] 1882年,李善兰将译稿交由华蘅芳校订至1897年,译稿后遗失。万兆元、何琼辉:《牛顿〈原理〉在中国的译介与传播》,载《中国科技史杂志》第40卷,2019年第1期,第51—65页,此处见第54页。

1896年刊印的三卷本《西学书目表》中指出："国家欲自强，以多译西书为本；学者欲自立，以多读西书为功。"[1]书中收录鸦片战争后至1896年间的译著三百四十一种，梁启超希望通过《读西学书法》向读者展示西方近代以来的知识体系。

不论是在精神上，还是在知识上，中国近代都没有继承好启蒙时代的遗产。启蒙运动提出要高举理性的旗帜，认为世间的一切都必须在理性法庭面前接受审判，不仅倡导个人要独立思考，也主张社会应当以理性作为判断是非的标准。它涉及宗教信仰、自然科学理论、社会制度、国家体制、道德体系、文化思想、文学艺术作品理论与思想倾向等。从知识论上来讲，从1860年至1919年五四运动爆发，受西方启蒙的各种自然科学知识被系统地介绍到了中国。大致说来，这些是14—18世纪科学革命和启蒙运动时期的社会科学和自然科学的知识。在社会科学方面包括了政治学、语言学、经济学、心理学、社会学、人类学等学科，而在自然科学方面则包含了物理学、化学、地质学、天文学、生物学、医学、遗传学、生态学等学科。按照胡适（1891—1962）的观点，新文化运动和五四运动应当分别来看待：前者重点在白话文、文学革命、西化与反传统，是一场类似文艺复兴的思想与文化的革命，而后者主要是

---

[1] 梁启超：《西学书目表·序例》，收入《饮冰室合集》，中华书局1989年版，第123页。

一场政治革命。根据王锦民的观点,"新文化运动很有文艺复兴那种热情的、进步的色彩;而接下来的启蒙思想的冷静、理性和批判精神,新文化运动中也有,但是发育得不充分,且几乎被前者遮蔽了"。[1]五四运动以来,中国接受了尼采等人的学说。"在某种意义上说,近代欧洲启蒙运动的思想成果,理性、自由、平等、人权、民主和法制,正是后来的'新'思潮力图摧毁的对象"。[2]近代以来,中华民族的确常常遭遇生死存亡的危局,启蒙自然会受到充满革命热情的救亡的排挤,而需要以冷静的理性态度来对待的普遍知识,以及个人的独立人格和自由不再有人予以关注。因此,近代以来我们并没有接受一个正常的、完整的启蒙思想,我们一直以来所拥有的仅仅是一个"半启蒙状态"。今天我们重又生活在一个思想转型和社会巨变的历史时期,迫切需要全面地引进和接受一百多年来的现代知识,并在思想观念上予以重新认识。

1919年新文化运动的时候,我们还区分不了文艺复兴和启蒙时代的思想,但日本的情况则完全不同。日本近代以来对"南蛮文化"的摄取,基本上是欧洲中世纪至文艺复兴时期的"西学",而从明治维新以来对欧美文化的摄取,则是启蒙

---

[1] 王锦民:《新文化运动百年随想录》,见李雪涛等编《合璧西中——庆祝顾彬教授七十寿辰文集》,外语教学与研究出版社2016年版,第282—295页,此处见第291页。

[2] 同上。

时代以来的西方思想。特别是在第二个阶段,他们做得非常彻底。[1]

三

罗素在《西方哲学史》的"绪论"中写道:"一切确切的知识——我是这样主张的——都属于科学,一切涉及超乎确切知识之外的教条都属于神学。但是介乎神学与科学之间还有一片受到双方攻击的无人之域;这片无人之域就是哲学。"[2]康德认为,"只有那些其确定性是无可置疑的科学才能成为本真意义上的科学;那些包含经验确定性的认识(Erkenntnis),只是非本真意义上所谓的知识(Wissen),因此,系统化的知识作为一个整体可以称为科学(Wissenschaft),如果这个系统中的知识存在因果关系,甚至可以称之为理性科学(Rationale Wissenschaft)"。[3]在德文中,科学是一种系统性的知识体系,是对严格的确定性知识的追求,是通过批判、质疑乃至论证而对知识的内在固有理路即理性世界的探索过程。科学方法有别

---

[1] 家永三郎著,靳丛林等译:《外来文化摄取史论》,大象出版社2017年版。
[2] 罗素著,何兆武、李约瑟译:《西方哲学史》(上卷),商务印书馆1963年版,第11页。
[3] Immanuel Kant, *Metaphysische Anfangsgründe der Naturwissenschaft*. Riga: bey Johann Friedrich Hartknoch, 1786. S. V-VI.

于较为空泛的哲学,它既要有客观性,也要有完整的资料文件以供佐证,同时还要由第三者小心检视,并且确认该方法能重制。因此,按照罗素的说法,人类知识的整体应当包括科学、神学和哲学。

在欧洲,"现代知识社会"(Moderne Wissensgesellschaft)的形成大概从近代早期一直持续到了1820年。[1]之后便是知识的传播、制度化以及普及的过程。与此同时,学习和传播知识的现代制度也建立起来了,主要包括研究型大学、实验室和人文学科的研讨班(Seminar)。新的学科名称如生物学(Biologie)、物理学(Physik)也是在1800年才开始使用;1834年创造的词汇"科学家"(Scientist)使之成为一个自主的类型,而"学者"(Gelehrte)和"知识分子"(Intellekturlle)也是19世纪新创的词汇。[2]现代知识以及自然科学与技术在形成的过程中,不断通过译介的方式流向欧洲以外的世界,在诸多非欧洲的区域为知识精英所认可、接受。今天,历史学家希望运用全球史的方法,祛除欧洲中心主义的知识史,从而建立全球知识史。

本学期我跟我的博士生们一起阅读费尔南·布罗代尔

---

[1] Cf. Richard van Dülmen, Sina Rauschenbach (Hg.), *Macht des Wissens: Die Entstehung der Modernen Wissensgesellschaft*. Köln: Böhlau Verlag, 2004.

[2] Cf. Jürgen Osterhammel, *Die Verwandlung der Welt: Eine Geschichte des 19. Jahrhunderts*. München: Beck, 2009. S. 1106.

(Fernand Braudel，1902—1985）的《地中海与菲利普二世时代的地中海世界》（*La Méditerranée et le Monde méditerranéen à l'époque de Philippe II*，1949）一书。[1] 在"边界：更大范围的地中海"一章中，布罗代尔并不认同一般地理学家以油橄榄树和棕榈树作为地中海的边界的看法，他指出地中海的历史就像是一个磁场，吸引着南部的北非撒哈拉沙漠、北部的欧洲以及西部的大西洋。在布罗代尔看来，距离不再是一种障碍，边界也成为相互连接的媒介。[2]

发源于欧洲文艺复兴时代末期，并一直持续到18世纪末的科学革命，直接促成了启蒙运动的出现，影响了欧洲乃至全世界。但科学革命通过学科分类也影响了人们对世界的整体认识，人类知识原本是一个复杂系统。按照法国哲学家埃德加·莫兰（Edgar Morin，1921—　）的看法，我们的知识是分离的、被肢解的、箱格化的，而全球纪元要求我们把任何事情都定位于全球的背景和复杂性之中。莫兰引用布莱兹·帕斯卡（Blaise Pascal，1623—1662）的观点："任何事物都既是结果又是原因，既受到作用又施加作用，既是通过中介而存在又是直接存在的。所有事物，包括相距最遥远的和最不相同的事物，都被一种自然的和难以觉察的联系维系着。我认为不认识

---

[1] 布罗代尔著，唐家龙、曾培耿、吴模信等译：《地中海与菲利普二世时代的地中海世界》（全二卷），商务印书馆2013年版。
[2] 同上书，第245—342页。

整体就不可能认识部分,同样地,不特别地认识各个部分也不可能认识整体。"[1]莫兰认为,一种恰切的认识应当重视复杂性(complexus)——意味着交织在一起的东西;复杂的统一体如同人类和社会都是多维度的,因此人类同时是生物的、心理的、社会的、感情的、理性的;社会包含着历史的、经济的、社会的、宗教的等方面。他举例说明,经济学领域是在数学上最先进的社会科学,但从社会和人类的角度来说它有时是最落后的科学,因为它抽去了与经济活动密不可分的社会、历史、政治、心理、生态的条件。[2]

四

贝克出版社(C. H. Beck Verlag)至今依然是一家家族产业。1763年9月9日卡尔·戈特洛布·贝克(Carl Gottlob Beck,1733—1802)在距离慕尼黑100多公里的讷德林根(Nördlingen)创立了一家出版社,并以他儿子卡尔·海因里希·贝克(Carl Heinrich Beck,1767—1834)的名字来命名。在启蒙运动的影响下,戈特洛布出版了讷德林根的第一份报纸与关于医学和自然史、经济学和教育学以及宗教教育

---

[1] 转引自莫兰著,陈一壮译:《复杂性理论与教育问题》,北京大学出版社2004年版,第26页。
[2] 同上书,第30页。

的文献汇编。在第三代家族成员奥斯卡·贝克（Oscar Beck，1850—1924）的带领下，出版社于1889年迁往慕尼黑施瓦宾（München-Schwabing），成功地实现了扩张，其总部至今仍设在那里。在19世纪，贝克出版社出版了大量的神学文献，但后来逐渐将自己的出版范围限定在古典学研究、文学、历史和法律等学术领域。此外，出版社一直有一个文学计划。在第一次世界大战期间的1917年，贝克出版社独具慧眼地出版了瓦尔特·弗莱克斯（Walter Flex，1887—1917）的小说《两个世界之间的漫游者》（*Der Wanderer zwischen beiden Welten*），这是魏玛共和国时期的一本畅销书，总印数达一百万册之多，也是20世纪最畅销的德语作品之一。[1]目前出版社依然由贝克家族的第六代和第七代成员掌管。2013年，贝克出版社庆祝了其

---

[1] 第二次世界大战后，德国汉学家福兰阁（Otto Franke，1863—1946）出版《两个世界的回忆——一个人生命的旁白》（*Erinnerungen aus zwei Welten: Randglossen zur eigenen Lebensgeschichte.* Berlin: De Gruyter, 1954.）。作者在1945年的前言中解释了他所认为的"两个世界"有三层含义：第一，作为空间上的西方和东方的世界；第二，作为时间上的19世纪末和20世纪初的德意志工业化和世界政策的开端，与20世纪的世界；第三，作为精神上的福兰阁在外交实践活动和学术生涯的世界。这本书的书名显然受到《两个世界之间的漫游者》的启发。弗莱克斯的这部书是献给1915年阵亡的好友恩斯特·沃切（Ernst Wurche）的；他是"我们德意志战争志愿军和前线军官的理想，也是同样接近两个世界：大地和天空、生命和死亡的新人和人类向导"。（Wolfgang von Einsiedel, Gert Woerner, *Kindlers Literatur Lexikon,* Band 7, Kindler Verlag, München 1972.）见福兰阁的回忆录中文译本，福兰阁著，欧阳甦译：《两个世界的回忆——一个人生命的旁白》，社会科学文献出版社2014年版。

成立二百五十周年。

1995年开始，出版社开始策划出版"贝克通识文库"（C.H.Beck Wissen），这是"贝克丛书系列"（Beck'schen Reihe）中的一个子系列，旨在为人文和自然科学最重要领域提供可靠的知识和信息。由于每一本书的篇幅不大——大部分都在一百二十页左右，内容上要做到言简意赅，这对作者提出了更高的要求。"贝克通识文库"的作者大都是其所在领域的专家，而又是真正能做到"深入浅出"的学者。"贝克通识文库"的主题包括传记、历史、文学与语言、医学与心理学、音乐、自然与技术、哲学、宗教与艺术。到目前为止，"贝克通识文库"已经出版了五百多种书籍，总发行量超过了五百万册。其中有些书已经是第8版或第9版了。新版本大都经过了重新修订或扩充。这些百余页的小册子，成为大学，乃至中学重要的参考书。由于这套丛书的编纂开始于20世纪90年代中叶，因此更符合我们现今的时代。跟其他具有一两百年历史的"文库"相比，"贝克通识文库"从整体知识史研究范式到各学科，都经历了巨大变化。我们首次引进的三十多种图书，以科普、科学史、文化史、学术史为主。以往文库中专注于历史人物的政治史、军事史研究，已不多见。取而代之的是各种普通的知识，即便是精英，也用新史料更多地探讨了这些"巨人"与时代的关系，并将之放到了新的脉络中来理解。

我想大多数曾留学德国的中国人，都曾购买过罗沃尔特出版社出版的"传记丛书"(Rowohlts Monographien),以及"贝克通识文库"系列的丛书。去年年初我搬办公室的时候,还整理出十几本这一系列的丛书,上面还留有我当年做过的笔记。

五

作为启蒙时代思想的代表之作,《百科全书》编纂者最初的计划是翻译1728年英国出版的《钱伯斯百科全书》(*Cyclopaedia: or, An Universal Dictionary of Arts and Sciences*),但以狄德罗为主编的启蒙思想家们以"改变人们思维方式"为目标,[1]更多地强调理性在人类知识方面的重要性,因此更多地主张由百科全书派的思想家自己来撰写条目。

今天我们可以通过"绘制"(mapping)的方式,考察自19世纪60年代以来学科知识从欧洲被移接到中国的记录和流传的方法,包括学科史、印刷史、技术史、知识的循环与传播、迁移的模式与转向。[2]

徐光启在1631年上呈的《历书总目表》中提出:"欲求超

---

[1] Lynn Hunt, Christopher R. Martin, Barbara H. Rosenwein, R. Po-chia Hsia, Bonnie G. Smith, *The Making of the West: Peoples and Cultures, A Concise History*, Volume II: Since 1340. Bedford/St. Martin's, 2006, p. 611.

[2] Cf. Lieven D'hulst, Yves Gambier (eds.), *A History of Modern Translation Knowledge: Source, Concepts, Effects.* Amsterdam: John Benjamins, 2018.

胜,必须会通,会通之前,先须翻译。"[1]翻译是基础,是与其他民族交流的重要工具。"会通"的目的,就是让中西学术成果之间相互交流,融合与并蓄,共同融汇成一种人类知识。也正是在这个意义上,才能提到"超胜":超越中西方的前人和学说。徐光启认为,要继承传统,又要"不安旧学";翻译西法,但又"志求改正"。[2]

近代以来中国对西方知识的译介,实际上是在西方近代学科分类之上,依照一个复杂的逻辑系统对这些知识的重新界定和组合。在过去的百余年中,席卷全球的科学技术革命无疑让我们对于现代知识在社会、政治以及文化上的作用产生了认知上的转变。但启蒙运动以后从西方发展出来的现代性的观念,也导致欧洲以外的知识史建立在了现代与传统、外来与本土知识的对立之上。与其投入大量的热情和精力去研究这些"二元对立"的问题,我以为更迫切的是研究者要超越对于知识本身的研究,去甄别不同的政治、社会以及文化要素究竟是如何参与知识的产生以及传播的。

此外,我们要抛弃以往西方知识对非西方的静态、单一方向的影响研究。其实无论是东西方国家之间,抑或是东亚国家之间,知识的迁移都不是某一个国家施加影响而另一个国家则完全

---

[1] 见徐光启、李天经等撰,李亮校注:《治历缘起》(下),湖南科学技术出版社2017年版,第845页。
[2] 同上。

被动接受的过程。第二次世界大战以后对于殖民地及帝国环境下的历史研究认为，知识会不断被调和，在社会层面上被重新定义、接受，有的时候甚至会遭到排斥。由于对知识的接受和排斥深深根植于接收者的社会和文化背景之中，因此我们今天需要采取更好的方式去重新理解和建构知识形成的模式，也就是将研究重点从作为对象的知识本身转到知识传播者身上。近代以来，传教士、外交官、留学生、科学家等都曾为知识的转变和迁移做出过贡献。无论是某一国内还是国家间，无论是纯粹的个人，还是由一些参与者、机构和知识源构成的网络，知识迁移必然要借助于由传播者所形成的媒介来展开。通过这套新时代的"贝克通识文库"，我希望我们能够超越单纯地去定义什么是知识，而去尝试更好地理解知识的动态形成模式以及知识的传播方式。同时，我们也希望能为一个去欧洲中心主义的知识史做出贡献。对于今天的我们来讲，更应当从中西古今的思想观念互动的角度来重新审视一百多年来我们所引进的西方知识。

知识唯有进入教育体系之中才能持续发挥作用。尽管早在1602年利玛窦的《坤舆万国全图》就已经由太仆寺少卿李之藻（1565—1630）绘制完成，但在利玛窦世界地图刊印三百多年后的1886年，尚有中国知识分子问及"亚细亚""欧罗巴"二名，谁始译之。[1]而梁启超1890年到北京参加会考，回粤途经

---

[1] 洪业：《考利玛窦的世界地图》，载《洪业论学集》，中华书局1981年版，第150—192页，此处见第191页。

上海，买到徐继畬（1795—1873）的《瀛环志略》（1848）方知世界有五大洲！

近代以来的西方知识通过译介对中国产生了巨大的影响，中国因此发生了翻天覆地的变化。一百多年后的今天，我们组织引进、翻译这套"贝克通识文库"，是在"病灶心态""救亡心态"之后，做出的理性选择，中华民族蕴含生生不息的活力，其原因就在于不断从世界文明中汲取养分。尽管这套丛书的内容对于中国读者来讲并不一定是新的知识，但每一位作者对待知识、科学的态度，依然值得我们认真对待。早在一百年前，梁启超就曾指出："……相对地尊重科学的人，还是十个有九个不了解科学的性质。他们只知道科学研究所产生的结果的价值，而不知道科学本身的价值，他们只有数学、几何学、物理学、化学等概念，而没有科学的概念。"[1]这套读物的定位是具有中等文化程度及以上的读者，我们认为只有启蒙以来的知识，才能真正使大众的思想从一种蒙昧、狂热以及其他荒谬的精神枷锁之中解放出来。因为我们相信，通过阅读而获得独立思考的能力，正是启蒙思想家们所要求的，也是我们这个时代必不可少的。

李雪涛

2022年4月于北京外国语大学历史学院

---

[1] 梁启超：《科学精神与东西文化》（8月20日在南通为科学社年会讲演），载《科学》第7卷，1922年第9期，第859—870页，此处见第861页。

目 录

第一章	古代的航海活动	001
第二章	中世纪和近代早期地中海地区的航海	019
第三章	从维京人到汉萨同盟：中世纪北欧的航海	031
第四章	地理大发现时代的航海	043
第五章	从海上掠夺到海上霸权	069
第六章	导航技术：航海的艺术与手工艺	077
第七章	欧洲大型海运贸易公司时代的航海全球化	089
第八章	19世纪造船技术和航海组织的发展	109
第九章	从风帆到螺旋桨：工业化时代的航海	119
第十章	从多样化到专业化与集中化的转折： 20世纪的航海业	133
名词解释		147
参考文献		151

第一章　　古代的航海活动

与车轮的重要性类似，船的发明改变了人类的生活。人类历史上的第一艘船是由借助原始工具和火力掏空的树干制成的。第一艘船出现的确切时间尚难以确定，它可能出现于任何有渡水需求，以及生长着适于造船的树干的地方。在一些缺少原材料的地区，例如埃及或南美洲的部分地区，人们将芦苇捆绑在一起用来造船或小筏子。古代早期的另一种造船原材料是紧绷在动物骨头或树枝上的动物皮革。古代人类能够搭乘这些船造访河流湖泊，或沿水岸行驶，当然也只是在极富勇气，或迫于饥饿外出寻找食物的极端情况下。这些船实现了许多功能，但真正意义上在广阔海域中的航行却仍是完全不可能的。

为了穿越更为广阔的水域以及战胜更为遥远的距离，人类必须开发一种比独木舟、芦苇筏或皮船更大的水上交通工具，最重要的是其必须具备不依赖人力划桨的动力来源。从这个意义上说，风帆是人类航海史上最为重要的发明，甚至远远超越蒸汽机和内燃机发明的重要性。因为，风帆拉开了航海史的序幕。风帆究竟从何时开始应用于航海，这一问题始终没有确切答案。然而，早在公元前4000年中期便已有关于风帆的历史记载：古埃及人率先使用配备风帆、划桨，由纸莎草制成的船

第一章　古代的航海活动

在尼罗河及其入海口地区航行,从那里摸索前行直至地中海东部(彩图1)。自此,跨海区域之间的联系开始在文明发展中发挥重要作用。正如沿海及地中海岛屿地区的文化发展所表明的那样,不断扩大的航海活动成为重要的历史因素。

公元前3000年左右,古埃及人以更加省力高效的橹替代桨,用于较大的船舶,成为航海发展史的另一场推动性革命。由于船在古埃及的祭祀文化中扮演着重要角色,因此现存有大量描绘航海场景的绘画。从象形文字和壁画中可以看出,当时的古埃及已与地中海东部海岸地区保持着稳定的海上贸易关系。借此机会,古埃及人能够得到造船所必需的重要原材料——高品质雪松木材,因为除了纸莎草之外,古埃及人在此期间还学会了建造适合海上航行的木船(彩图2)。大约与此同时,古埃及人的航海范围扩展到了红海,大约一千年之后,红海地区的船只才能航行至阿拉伯海地区。航海活动为尼罗河文明与美索不达米亚及印度次大陆之间的稳定联系创造了前提条件,成为对发展具有决定意义的推动力。这些早期航海活动由统治者统一指挥,它们不仅服务于商品交换,也能够满足宫廷对奢侈品的需求,同时彰显王侯贵族的经济实力。除此之外,航海也一直是带有帝国或殖民意图的军事组成部分。

航海的军事意义在历史上体现得更为明显,特别是腓尼基人的海上贸易帝国。公元前1000年,腓尼基人在其家乡黎凡特与地中海西部的殖民地之间航行,甚至通过直布罗陀海峡进入大西洋，查看摩洛哥大西洋海岸的贸易情况。亚速尔群岛出土的钱币表明，腓尼基人的船只甚至到过这里。据大普林尼（23—79）记录，为了获取制造青铜器的金属，腓尼基的迦太基水手在公元前6世纪末期航行至锡岛（不列颠）。正如公元前3000年地中海东部地区的青铜器制造显示的那样，腓尼基人与不列颠群岛的海上交往关系可能早在数世纪之前就已存在。

除了风帆之外，腓尼基人还坐拥一项成就，能够令在宽阔海域里的持续航行变得更为容易，即一根贯穿整艘船的龙骨，当时的埃及船只尚未使用这一技术。从一定程度上来说，古埃及人的船舶只有厚木板钉接的外壳，艏艉像弯角一样向上弯曲。为了提高船体的牢固性，他们用一根拉得很紧的绳索连接船体的艏艉。在古埃及船只上，人们也可以看到船舷的粗绳索，这应该会改善船只的纵向强度。

借助龙骨，腓尼基人不仅能够增强船只稳定性、抵御风浪，同时还能够建造更为庞大的船只。这种船采用平接方式，将一块块木板左右拼接在船体框架上。除了风帆，这种船也拥有与古埃及船相同的列桨。

腓尼基人在地中海区域创建了一直延续至现代早期的造船传统。尽管造船技术在数百年间更加多样化，但人们总是将帆与舵结合起来进行创新。即使是源自古希腊罗马时期的两层或三层桨座战船（Galeeren）也可以追溯至腓尼基人的造船艺术。

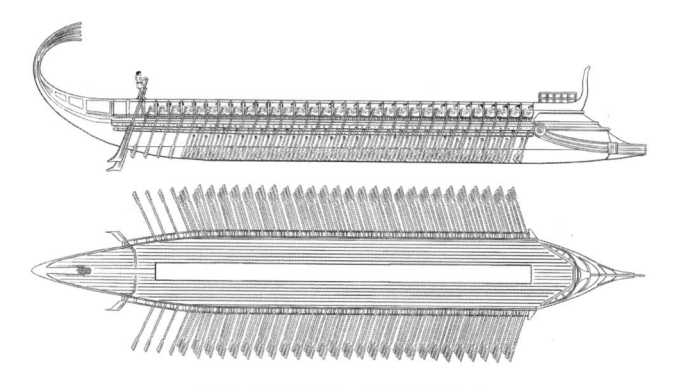

插图1　萨拉米海战三层桨座战船模型

这种相当纤细的船在速度和机动性方面尤为突出，因此被首选为军舰。最常见的船型拥有3排以上的排桨。在公元前480年著名的萨拉米海战中，获胜的希腊军队便是由378艘三列桨战舰组成的。在伯罗奔尼撒战争期间，反对派建造了四列桨，甚至五列桨的大型战舰，成为之后古代海上强国使用的军舰类型。然而，这种类型的战舰却从未出现在地中海以外的区域。

与此相反，普通的古代商船则呈现出完全不同的外观。多列桨需要较多人力，代价昂贵且耗费较大空间，这些对商船来说并不划算。因此，高甲板、宽船体、位于船中间的桅杆以及圆形的艏艉成为商船的标志。方帆只能适用于顺风。在逆风或无风的情形下，也只好将船上有限的人力投入划桨工作。这些商船通常长15米，宽4至5米。在有利的风力条件下，航行速度可达到每小时5海里。

伴随着不断增长的贸易需求，古希腊人和罗马人在这种商船的基础上开发出更大的双桅船，甚至一部分三桅船。主桅杆上主帆的位置较过去稍微靠前一点，形状更为多变，斜桅上的小方形帆也改善了船的操纵性。罗马人的商船，尤其是那些每年运输来自埃及的谷物的重要商船，都有着多达1000吨的承载能力，还装备了3根桅杆。这种商船外形依旧圆润，但无法逆风而行，船艉两侧舵负责掌握航向。这些商船有两到三层甲板，并经常在船艉设有一间甲板室。

各种类型的帆船一直盛行于古代时期的整个地中海、黑海、印度洋及其附近海域，然而对号称航海民族的北欧人来说，即北海和波罗的海地区，帆船却直到中世纪早期才被广泛使用，尽管北欧与地中海世界自古罗马时代以来早已有着密切联系。古罗马历史学家塔西佗（约55—约120）描述过公元1世纪初帆船的原型，这让他更多地联想到了独木舟。就船舶规模而言，造船业应该在北欧更为发达，但北欧的造船技术发展与古代地中海相比迟缓了大约一千年。然而，随着罗马帝国的没落，地中海地区的造船业也在几百年间逐渐衰败。关于北欧，在丹麦南日德兰地区发现的4世纪尼达姆（Nydam）沉船表明，这一代的船舶仅配备了船桨，直到维京人到来，北欧地区才出现了新型配帆船舶。

这与亚洲和太平洋地区的情况有所不同。在东亚岛屿及中国海域，不同类型的单桅或双桅帆船在公元前就已使用很久了。波利尼西亚独木舟由大树干制成，安装单桅或双桅，桅杆上挂一个或多个三角帆，非常适于航行，能够满足三四十人的乘坐需求。公元1世纪中期，从新几内亚开始，自西部所罗门群岛和东部复活节岛，以及夏威夷北部与新西兰南部之间的整个太平洋岛屿世界都使用同一种波利尼西亚独木舟。

在欧洲人发现新大陆之前，美国周围的海域中似乎尚未出现帆船，但考虑到维京人曾远航到格陵兰、纽芬兰，那里的航海历史可追溯至公元前1000年左右。然而这短暂的停留并未留下持久的印记，直至15世纪西班牙人的出现才使得美国进入了所谓航海史册。在此之前，美国原住民只能借助独木舟或木筏航行于狭窄的沿海地带及加勒比海岛屿地区。1492年10月，哥伦布在航行日志中记录了自己到达巴哈马时难掩的惊讶之情：当地人如此灵巧地将大型树干挖空，制成可容纳多达50人的独木舟。西班牙文字记载的有关早期殖民时期印加人原始风帆的暗示尚存科学争议。

关于史前航海组织的文献资料和实物证据极为有限。公元前2000年的埃及象形文字记载了一次大型船队前往神话古国邦特（Punt）的航行，该国应该位于红海入海口的南端，价值连城的商品从这里被运回法老王国。根据希罗多德（约公元前484—约前425）的记载，受尼古拉斯法老之命，腓尼基人带领的埃及船队穿过红海到达非洲南端，再沿着非洲西海岸向北经直布罗陀海峡返回地中海。然而，这段历史是否真实存在，在研究领域尚存争议。毕竟，当时的普遍看法是非洲大陆被海洋环绕。根据希罗多德的说法，这次航行耗时近三年。

地中海地区的第一次航海热潮在公元前2000年中期达到顶峰，这从神秘的克里特岛的米诺斯文明的繁盛中可知一二。克里特岛的传奇国王米诺斯在爱琴海建立了一个海上王国。克里特岛的米诺斯船上的图画作品与希拉（今圣托里尼岛）的壁画一样，证明地中海与古埃及造船业的关系。公元前2000年末期，第一次地中海航海繁盛时期结束。

随着腓尼基人的崛起，他们作为地中海海上贸易统治者的时间超过约四百年。荷马在《奥德赛》中描述，他的英雄多次遭遇麻烦很多的腓尼基海员和商人。我们能够从《荷马史诗》中了解，腓尼基船员和商人通常聚集在一起，共同完成一项航海任务。除了经济头脑之外，大胆和对冒险的渴求似乎已成为腓尼基人必不可少的性格特征。以黎凡特为中心，腓尼基人建立了远至地中海西部的多个贸易城邦及殖民地，仅列举几个较为重要的城市名称：迦太基、巴勒莫、马拉加、加的斯。迦太基最终发展为最重要的商业中心。随着亚述人征服黎凡特，腓尼基海上贸易帝国崩溃，迦太基接管了西地中海地区的海上贸易控制权。地中海所有的海上贸易都集中在迦太基，迦太基后来还试图阻断西班牙和西西里之间，以及外国商船与大西洋海域的海上联系。

第一章　古代的航海活动

公元前8世纪至前6世纪，随着古希腊在意大利和法国南部的殖民发展，相互竞争的海上贸易关系逐渐成为主流。这对航海提出了新要求，不同类型的军舰成为这一时期的主要船型。新型船舶的图像首次出现于公元前8世纪的希腊花瓶上，新增配置是与水线持平的舰艏撞角。通过灵巧的操作，舰艏撞角能够将敌舰撞出大洞，使其沉没。这些特征与古希腊作家的相关描写相符，因为希腊人与腓尼基人、迦太基人发生过数次海战，而希腊大多是获胜方。然而问题依然存在，这种新型战舰以及与此相关的海战技术改变（以封闭编队划桨）是否真的是希腊人的发明？抑或与许多古代造船技术一样，还需回到腓尼基人那里寻找答案？还有一个问题，这种海洋军事对抗是否真的充满矛盾和冲突？抑或尚有一段时期内的相互依存，甚至共存的状态，对这一时期的地中海航海产生影响？因为希腊人和腓尼基人都通过涵盖整个地中海和黑海地区的海上贸易网络创造了我们所认为的高度繁荣的古典文明与文化。

由于已明确知晓对岸的位置，古代航海者将地中海和黑海视为封闭海域，相比之下，人们对"大力神之柱"（直布罗陀海峡）以外海域的认识则极为不同。荷马认为那片海域是一个没有归途的神话般的地方。关于这片没有彼岸的海域的航海史，仅有模糊的文字资料提及。据记载，腓尼基人和迦太基人已经冒险进入了这片海域。公元前500年左右，迦太基的传奇航海家汉诺船长航行至非洲西海岸，沿途建立殖民城市。汉诺船长的游记后来以希腊文保存下来。然而，汉诺船长的大量地理描述却使人很难理解，因为关于路线和速度的信息多是不可靠的数据。根据一些提示可知，汉诺船长当时应该越过佛得角群岛，或许已经到达了几内亚湾。然而，如果这是真实事件，汉诺船长的旅程却并没有对古代航海史产生持久影响。在他之后，没有一位航海家沿非洲西海岸向南前进，这样的航行留给了两千年之后的葡萄牙人。

来自马赛的古希腊航海家皮西亚斯在公元前4世纪沿大西洋海岸伊比利亚，经过比斯开湾直至爱尔兰海域，甚至可能进一步向北到达了不列颠周边。伴随着皮西亚斯的传奇远航，欧洲北方海域更多地出现在古希腊罗马人的视野中，一些作家将皮西亚斯失传游记中的一些碎片内容与自己的地理描述结合起来，使古希腊航海家第一次对海水潮汐现象有所认识，因为地中海区域从未出现过潮汐。皮西亚斯已经发现月球对潮汐的影响，尽管他的看法为后来的科学家所否定。皮西亚斯往返不列颠岛屿的为期一个月的航行引发了进一步的地理观察，增长了古希腊人的地理和天文学知识，带给人们无尽的猜测与想象：极光、北欧漫长的夏日、长时间的日食、大雪、冰山以及当地人特有的习惯和民俗。欧洲北部地区经由皮西亚斯的航行走进了古代地中海及其航海世界。

在公元前的最后几个世纪中，海上贸易经历了巨大的扩张。北部海域、地中海和黑海之间的商品交换极为活跃。过去简单的船舶装卸载设施已不能满足日益增长的船舶规模和货物量的需求，包括了码头、防护墙、巨大防波堤、仓库等设施的大型港口建设显得更加重要。早在古代便已有了对港口基本功能的描述：抵御海潮、便于货物处理。

港口城市不仅服务于海上货运，也有利于知识的传播。在希腊时代，以亚历山大大帝命名的亚历山大城成为地中海最重要的港口城市。这里不仅是知识——尤其是海事知识的中心，也是埃及谷物的出口港，以及阿拉伯和印度世界与红海地区的商贸转运港，为此人们还特别开凿了从红海到尼罗河的运河。亚历山大港口的大灯塔成为古代世界七大奇迹之一。

雅典的外港——比雷埃夫斯港之前几乎没有经历过亚历山大港那样经典的全盛时期。公元前5世纪中叶，比雷埃夫斯港成为希腊最大的港口。这里每天都有许多来自地中海最偏远地区和黑海的船只，主要搭载大量雅典居民所必需的食品，以及雅典城市发展所需的各种工商业原材料，同时也为上流阶层运输奢侈品，以及为维护和扩张希腊海军而运输造船材料。海上贸易有了前所未有的重要意义。

公元前3世纪，一股新的力量出现在航海史的舞台：罗马。鉴于罗马与迦太基的对抗以及罗马在共和国与西西里岛区域之间势力范围的扩大，海军的建立对罗马来说尤为必要，强大的舰队可保护罗马商船安全，同时保护罗马港口免受腓尼基人和海盗的袭击。借助技术和战术的创新，罗马人在公元前202年从腓尼基人那儿赢得了西地中海的海上统治权。罗马在东地中海的扩张也在逐步展开。航海史记载，公元前88年罗马海军在小亚细亚战胜了塞琉古统治者安条克三世的舰队，并签署协议。自此，罗马成为整个地中海的海上霸主，将地中海变成内海。从那时起，罗马海军力量横扫直布罗陀海峡，进入大西洋并直入不列颠。

今西班牙南部城市加的斯是高卢、不列颠和地中海之间最为重要的海上贸易枢纽。来到这个港口的人们都想从蓬勃发展的海运贸易中获利：包括商人、水手、冒险家和罪犯。加的斯是探索大西洋的中转站，向南可大胆前行，向北则可寻找作家笔下描述的充满财富与快乐的神秘之境，这里还是传说中锡岛的所在地。最著名的冒险家之一据称是率领着800艘军舰登陆英国的恺撒大帝。通过这种方式，恺撒将罗马的海上霸权从地中海延伸到了大西洋。

基于古代地理学家的著作和新的地理知识，以及帝国早期海上扩张带来的导航技术进步，罗马航海业已具备向西深入大西洋的能力。罗马人当时几乎能够预知哥伦布将如何成功地完成海上探险，因为他们与哥伦布掌握的地理和航海知识几乎完全相同。罗马人最终并没有成为大西洋世界的发现者，其重要原因在于罗马征服中东地区之后，便将更多的精力集中于当地海域。一定程度上来说罗马人也缺乏经济刺激，因为他们没有必要放弃印度和亚洲其他地区的高品质货物而转向大西洋寻求新发展。

关于航海早期历史及其经济文化重要性的知识主要集中于地中海和中东地区,这与对这些历史区域较为深入的研究程度相关,也是由于这些地区的航海业确已达到高度发展的水平,成为影响历史的重要因素。然而,我们对印度洋和太平洋地区的早期航海规模与形式只有模糊的了解。

自希腊时代以来,红海航海权一直掌握在阿拉伯人手中。他们远行至亚丁湾与印度船只进行海上贸易。古代作家关于阿拉伯海以外的航海记载与考古证据一样,极为稀少。南亚腹地的许多地区都被印度殖民,次大陆和东亚之间的货物往来活跃,这些事实说明了印度的航海业非常发达。现有的文字记录表明,罗马时代的印度航海与地中海航海在船只数量及规模方面几乎没有差别。从一些图像可以看出,与地中海船只外观不同,印度船舶多有两到三个桅杆,安装着狭窄的方形帆和一个前帆,优化了船只的机动性。这种类型的帆装尤其适应印度洋地区盛行的季风。与地中海船只一样,印度船艉的两侧也分别安装了艉侧舵。木板平接式木船建造方式以及向上弯曲的艏艉也是二者的相似之处。

随着伊斯兰教的传播以及穆斯林帝国的兴起,中东和近东地区逐渐成为新的政治和经济中心,航海在其中扮演着核心角色。在这个新兴强盛的地区形成了几个城市中心,孕育了一直延伸至印度尼西亚群岛的生机勃勃的海上贸易。

阿拉伯的造船业在很大程度上受到了印度次大陆造船技术的影响。主要原因在于，阿拉伯当地缺乏适于造船的硬质木材，阿拉伯人随后也逐渐接受了印度和亚洲其他地区的造船技术。当时，阿拉伯半岛出现了许多造船业中心，其中最为著名的是阿曼和巴林。在某种程度上，最著名的阿拉伯船舶是以"舠"（Dhau）命名的船舶家族。这些船舶一般采用相同的设计理念（光滑的木板平接的船身），但是船身载重量不同（10至200吨），并搭载与之匹配的1至3根桅杆。直到今天，这种三角帆舠船依然是波斯、印度和阿拉伯地区常见的船型。其共同特点是尖尖长长的船艏、一条非常明显的龙骨、斜三角帆以及船艉侧舵。

关于孟加拉湾以外东亚海域早期航海历史的文字记录极为罕见。考古证据表明，这一区域的航海活动真正发展于公元前2世纪。中国广州似乎已经成为造船和海上贸易的中心。来自印度和东南亚岛国的货物通过广州港进入中国，同时与中国的黄金、瓷器和丝绸等商品进行交换。广州以及其他一些位于入海口的中国城市为海上航海社区（Seefahrtsgemeinden）的形成提供了有利条件，数百年间发展出了难以计数的不同类型的船舶，成为各种经验的结晶。这些船在阿拉伯语中被称为"Jong（戎克）"，即在海洋与宽阔的河流中都能够广泛应用的"中式帆船"。

从地理扩张角度来看，早期的中国航海从未像欧洲、阿拉伯或印度那样发达。几百年间，中国船只最远只航行到菲律宾群岛及印度尼西亚群岛，主要在苏门答腊海岸，与阿拉伯及印度人进行商品交换。在中国和印度之间通过海上道路朝圣的佛教僧侣用文字记录了这段海上贸易关系。欧洲进入中世纪之后，中国的航海活动才开始跨出一国之境，无论从商业角度或帝国扩张角度来看，日本都是中国首选的特别贸易对象。自10世纪以来，中国已发展成为东亚地区最重要的经济区域，随之而来的是海上贸易的大规模扩张以及造船和航海技术领域的重大创新。中国帆船不断发展。中国还设立了专门的皇家机构监管和促进造船业及海上贸易。

13世纪末期从波斯湾来到中国的著名旅行家马可·波罗曾对这种中国商船进行过详细描述：安装有4根桅杆和4块风帆，（逆风）不必收拢，调帆避风即可，能够搭载多达300名乘客。有趣的是，船身由隔舱壁分隔开来，以防突发情况下船体倾覆，这是对这种分舱装置的最早记录，此类船身分舱技术直至19世纪中期才被引入欧洲航海领域。此外，罗盘的使用在中国航海中也得到了证明。根据其他一些描述可知该船吨位大约为1000吨，而欧洲船舶在大约二百五十年后才能够达到这样的吨位。这艘船甚至设置了60至70间舱房供富有的乘客居住。马可·波罗对中国航海的描写也得到了其他佐证，另一位阿拉伯探险旅行家伊本·白图泰也曾于马可·波罗来华仅仅几十年之后在同一条航线上搭乘过中国船只。

15世纪初期，有报道称中国海军远征军航行至阿拉伯海，将极具阿拉伯、波斯和印度风情的奢侈品运回中国。最为著名的中国古代航海成就是1405年至1433年明朝海军统帅郑和率领的、由100多艘船只组成的远洋船队。持续数年的下西洋航海探险与明朝海上扩张的野心密切相关，中国国家政权控制下的航海以及亚洲海域内的贸易达到了一个高峰。在从朝鲜到婆罗洲的中国海域中来自中国的船只均占主导地位。中国在15世纪初期拥有全世界最为庞大的海上船队，其中包括约5000艘不同规模的军舰和商船。中国人的造船技术明显优于同时期的欧洲。最为宏大华丽的商船最大载重量可达3000吨，装备着悬挂方帆的9根桅杆。这些宏伟船只的乘坐舒适性非常强，马可·波罗和伊本·白图泰也曾就此惊叹不已。中国船舶为长途旅行进行了充分准备，例如满载各种水果和蔬菜，以此让水手们免于一种疾病，也就是他们的欧洲同行直到近代还会经常陷入恐慌的坏血病。然而，自此之后中国人对航海的热情突然终止了，很难解释明朝统治者的心态发生了怎样的转变，自16世纪早期欧洲人开始海上扩张起，中国航海成就之花便迅速凋零了。的确，正是由于中国在远途航海领域的退缩及其造船技术的衰落才使得欧洲人在东亚的海上殖民扩张成为可能。

如果说中国海域内的早期航海历史稍显逊色，那么中国海域的东方，即南太平洋地区的航海情形则完全不同了。对波利尼西亚人来说，航海始终是无与伦比的历史力量。波利尼西亚的历史是一段海洋史，没有其他任何一种文化与之相同。他们乘坐比较简单的小船穿越南太平洋几百英里，尽管大部分船只都航行于海洋深处且没有安装导航设备，但却具有惊人的安全性。由于缺乏文字资料，许多关于波利尼西亚人航海的问题依然令人费解，或者也只能够在考古学、实验考古学以及人类学的基础上进行假设性解释。假设西南太平洋的殖民化在公元元年之前便已完成，波利尼西亚人能够在美拉尼西亚群岛之间长达500公里的远海中进行定期航行，那么人们完全有理由确信，古代波利尼西亚人的航海能力远远超过了其他任何民族，甚至欧洲人。由于波利尼西亚人并不知道以获利为导向的海上贸易以及有组织的商品交换，航海对他们来说没有任何帝国扩张的意味，他们的动机可被理解为是除了殖民因素之外对广阔海洋的冒险和探索，正如他们在抵达东南太平洋时与欧洲人的相遇。

第二章　中世纪和近代早期地中海地区的航海

西罗马帝国崩溃之后，随着阿拉伯帝国的扩张，地中海在公元8世纪之后的三百多年间成为由穆斯林控制的海域。鉴于不断增加的危险因素，欧洲西北部与东方世界的货物交换开始寻求经俄罗斯诸河贯通黑海与波罗的海的新路径。斯堪的纳维亚人通过这些水域内的南北方贸易而获利，并在当地建立了自己的政权。这是整个维京航海世界起源及发展的重要推动力。古老的北欧传奇讲述了黑海和波罗的海之间涵盖了冰岛、挪威，以及俄罗斯王国之间的各种关系。波罗的海的北方人使用一种同样适于在远海和河流行驶的特殊小船，这是北海和大西洋常见海盗船的较小版本。

尽管地中海的古代航线被迫中断，但航海和海上贸易仍在小规模地继续，同时与之前相比，必须面对更多的海盗威胁。只要拜占庭帝国保持其对地中海的统治权，东地中海的海盗活动就会一直存在。虽然通过印度及其周边的海上航线由阿拉伯人主导，但位于东方世界与欧洲交界处的君士坦丁堡依然控制着欧洲与亚洲之间的海上交通咽喉。

第一个千年之交，欧洲生产力出现了空前的快速增长，几乎涵盖了所有经济生活部门：农业、手工业，尤其是贸易领域。许多新兴城市的产生以及原有旧城的复兴是生产力发展的明显迹象。在这些城市中，特别是在港口城市，一批商人和远洋贸易者逐渐掌握了权力，最为重要的是这个新兴领导阶层能够从领土王国的限制中解放出来，建立自己的政治统治。意大利北部城市米兰、佛罗伦萨、比萨、阿马尔菲、热那亚和威尼斯最为明显地反映了这一发展趋势。

同时，其他一些汉萨同盟城市，例如吕贝克、汉堡和不来梅等也处于相同的发展背景之下。就地中海的海上运输而言，热那亚和威尼斯在该区域政治强权体系中发挥着极为重要的作用。11世纪，这两个港口城市在地中海南部和东部发动了对阿拉伯政权的袭击。热那亚船队深入北非建立要塞，通过法国南部入侵西班牙海岸，而威尼斯人征服了亚得里亚海和爱琴海，并进入了黎凡特海岸地区。1132年威尼斯船队在叙利亚海岸战胜埃及人之后，威尼斯在地中海东部的海上霸权正式确立。除了黎凡特海岸之外，东罗马君士坦丁堡是威尼斯商船最重要的目的地，由于欧洲对奢侈品需求的不断增加，威尼斯人能够从这里获得来自近东和远东的珍贵商品并从中获取高额利润。该世纪末期，威尼斯已经在爱奥尼亚海、爱琴海、克里特岛、罗得岛和塞浦路斯获得了大量的财产以支持自己的海上贸易发展。

1096年至1272年的7次十字军东征也在相当程度上为巩固海洋控制权并扩大贸易做出了巨大贡献。热那亚人和威尼斯人组织他们的船舶将十字军从欧洲运送至圣地。除了十字军以外，还有来自欧洲各地的基督徒想去中东朝圣，对他们来说，这两个意大利北部港口城市也是首选的出发地，因为他们通常需要数周时间才能完成地中海的航行。威尼斯为第四次十字军东征（1202—1204）提供了超过250艘船只（彩图3）。大部队原本应该出征埃及，但途中威尼斯人以丰富的战利品为诱惑，与十字军领导人缔结了秘密协议，转而进攻君士坦丁堡。十字军和威尼斯人将拜占庭帝国首都洗劫一空之后，威尼斯人成为这里的控制者。潟湖之城威尼斯（Lagunenstadt）终于成为地中海至黑海一带最为著名的海上贸易城市。因为现在不仅是阿拉伯人，拜占庭帝国的航海也向后倒退了一大步。威尼斯人逐渐成为地中海东部的主宰者，他们从海上贸易中获得的不可估量的财富主要来源于两种商品的交易：丝绸和香料，特别是有史以来最珍贵的商品之一的香料。

威尼斯总督的就职典礼证明了威尼斯超越其他城市的绝对的海上统治权。据说全盛时期的威尼斯固定停靠着约3000艘商船，约60000人从事航海业——作为水手、造船师或仓库的工作人员。与汉萨同盟不同，威尼斯建有强大的海军舰队以确保航海安全。热那亚和比萨也有一个长期舰队，但却无法超越威尼斯。

然而，威尼斯人是否真的拥有地中海的海上控制权？海上贸易一直存在的威胁是如同一根红线贯穿于地中海的海盗。在古希腊神话中，海盗受到普遍的尊敬。从《荷马史诗》中我们了解到商业与海盗之间密切的利益联系，古罗马英雄奥德修斯便是有史以来第一位著名的海盗。在希腊神话中，国王伊索科斯的儿子杰森带领着淘金者驶向黑海东岸科尔基斯的背后，也隐藏着一场海盗袭击。

雅典历史学家和谋略家修昔底德（约公元前460—约前400）认为，所有生活在地中海沿岸的希腊人或非希腊人在学习航海技术之后都非常乐于投身海盗行业。希腊人并不以海盗为耻，反而以此为荣。这种对海盗的尊敬体现在许多希腊神话中。从某种意义上来说，雅典以及其他海岸的社会精英对待海盗的态度类似于中世纪人们对骑士的尊敬：捍卫生命与声望，而不是出于经济需要。这对于贫穷的渔民和沿海农民来说更是一种巨大的推动力，尽管古代作家并不以这些人为荣。

除此之外，罗马帝国权力的发端也以其他方式与海盗密切相关。随着罗马对外扩张以及由此而来的对帝国周边地区监管的权力分散，地中海这一区域的海盗活动剧烈增长。从古罗马历史学家阿庇安（约95—约165）和普鲁塔克（约46—约120）笔下可知，海盗最终成为罗马贸易和航海的巨大威胁。海盗遍布于包括小亚细亚南海岸的奇里乞亚在内的几乎整个地中海。根据普鲁塔克的观点，海盗队伍不仅需要适当的船员和最精良的武器，海盗们还必须首先拥有过人的胆识。地中海沿岸没有安全的地方，当时海盗船的数量超过1000艘，至少400个城市都被海盗洗劫过。海盗甚至威胁了罗马人的粮食运输，公元前

67年罗马出现粮荒，公民大会授予庞培前所未有的广泛权力肃清海盗。庞培率领120000步兵，5000骑兵，500艘战舰，在短时间内完成了平定海盗的任务。然而，在与海盗战斗的过程中，庞培还接纳了一些知识渊博的海盗，成为实现其政治野心的工具。这是希腊城邦之间惯用的方式，庞培由此获得了数量空前的海上军队。不久之后，恺撒也效仿这种方法，正如历史所讲述的那样，海盗阶层在罗马帝国内部分裂时期的不同权力集团中扮演着不可低估的角色。

海盗始终是地中海上的毒瘤，随着罗马帝国的崩溃，海盗活动再次增加，特别是在地中海西部地区。由于阿拉伯世界和奥斯曼帝国向地中海地区的扩张，以及西方国家对此变化的回应，宗教带给了海盗新的影响。两种宗教之间的争端现在也会在海上发生。在十字军东征时，基督教海盗船队曾试图破坏阿拉伯的海上贸易。穆斯林水手也以牙还牙。马耳他成为基督教海盗的中心。神圣罗马帝国皇帝与西班牙国王查理五世于1530年将马耳他岛给予圣约翰骑士团。为了加强在打击海盗领域的合作与监管，马耳他特地成立了一个针对海盗的军事法庭机构（Tribunale degli Armamenti）。自18世纪起，马耳他就处于法国及其他欧洲国家的重压之下，因为欧洲各国的船只数量都在迅速增长。

马耳他海盗与北非海盗之间关系密切。16世纪，尤其是1571年西方基督徒的神圣联盟舰队在北非帕特雷湾摧毁奥斯曼舰队的勒班陀战役（彩图4）之后，北非马格里布地区出现了4个政权：摩洛哥、阿尔及尔、突尼斯和特里波利斯。他们总是认为自己与基督教国家及其人民处于敌对状态，使得海盗活动除了政治和经济因素之外，又增添了新的宗教动机。很快，西方国家就以野蛮国家或野蛮人来称呼这些北非政权。阿尔及尔始终是最为重要的北非国家，其统治阶层大多来源于海盗。海盗在这些北非国家的经济、社会稳定中发挥着重要作用。他们获得了奥斯曼帝国苏丹的支持，不但通过这种途径成为西北非地区霸主，还在与意大利共和国，特别是威尼斯的贸易中得到了一个海上舰队，因为威尼斯在地中海利益受损之后恰好需要借与北非的海盗交易弥补损失。

由于马格里布海盗强烈的贪婪与侵略乐趣、难以攻克的藏身之处以及欧洲国家的分裂，北非国家逐渐摆脱了奥斯曼帝国的控制，成为地中海地区长达两个世纪的海上霸主。同时，自17世纪西北欧向北非输入航海技术和海战战术的现代成就之后，亚速尔群岛和法国至葡萄牙海岸之间的海域也不断受到北非海盗的严重威胁。北非船只甚至出现在英吉利海峡和易北河入海口，后者发生于1817年突尼斯海盗穿越北海的航行中。

个别西北欧国家也曾针对马格里布地区发动多次进攻，尽管取得了一些成就，却无法彻底消除北非野蛮人的威胁。另一些欧洲国家为了本国船只的安全向马格里布海盗支付费用，但这也并非万全之策，因为北非海盗一次又一次地撕毁此类合约。最终的转机出现在1830年法国征服西北非洲之后。随着阿尔及尔自1830年的衰败，马格里布失去了它最为重要的要塞。

不仅仅是海盗挑战了威尼斯人在地中海的霸主地位。其他的一些意大利海上贸易城市，例如热那亚，也在比萨衰落之后取得了西地中海地区的海上优势，热那亚在与威尼斯的竞争中扩大了自东地中海直至黑海的大范围的海上贸易。热那亚与威尼斯的船只也驶往欧洲北部，主要是北欧商品最重要的转运点伦敦和布鲁日。在这里，意大利人以低价与汉萨商人达成了密切合作的贸易协议，不仅为彼此带来经济利益，也极大地鼓舞了贸易和航海技术的发展。德国人学习意大利更为先进的财务和会计技术，意大利人则学习北欧先进的造船技术。尤其是后者对意大利船舶帆装产生了特别影响：在新船建造中，人们越来越多地放弃之前使用的三角帆，转而以北方大型方帆代替。在顺风的情况下，方帆更具速度优势，操作也更为简便。北欧造船业也采用新技术，在船艉安装船舵以代替船体两侧的侧舵，这对造船业的进一步发展具有非常重要的意义。地中海和北欧之间的海上技术交流也在导航和制图领域发挥了重要作用。

由于海上运输需求的增加，船体的体量也越来越大，安装有两根或三根桅杆以及前后船楼。威尼斯人（和热那亚人）的商船被称为克拉克帆船（Karacke），水平面以上高度可达30

至40米,载重500吨。这些船有两至三层甲板,典型特征仍然是圆艏圆艉船舷低平。这种牢固的木板平接造船方式也在随后传入北欧,代替了那里传统的木板搭接式造船方式。15世纪,葡萄牙人和西班牙人用直线龙骨代替之前的弧形龙骨,经过改造的克拉克帆船帮助他们实现了跨洋发现之旅。16世纪,欧洲至美国、东亚海上航线上行驶的几乎全是此种同类型船舶。

除了货船之外,威尼斯商人还拥有航行速度较快的桨帆船,搭载着珍贵的香料、东方的宝石和丝织品来到潟湖之城威

插图2 圆艏圆艉的威尼斯克拉克帆船

尼斯。这些桨帆船是桨船和帆船的复合体，载重达500吨，需要180名桨手，每3人为一组划桨。据说，威尼斯人同时雇用了1万名桨手，其中大多数是自愿工作的。

威尼斯人以一种更加类似于现代航运的方式组织商船航行，而不是古代合作性质的商船运或汉萨同盟模式。除了实际工作的船员之外，每艘商船还配备4名代表托运人监督货物的检查员。因为威尼斯建立了一个监管系统，既能保证选择适合航线运输的船舶，又可以在既定路线上可靠地运送货物。威尼斯人甚至发明了一种干舷标记，该标记于1875年被引入英国，随后成为世界航海的标准。英国议会对许多因超载而遇险的船舶所提出的申诉进行回应和处理，因为每年有数百名水手因溺水身亡。

威尼斯和热那亚之间的竞争局面有时会变成名副其实的斗争以及由政府支持的海盗抢掠行径。1381年，威尼斯在基奥贾港战胜了竞争对手利古里亚，即热那亚。随着巴塞罗那和马赛的兴起，地中海海上世界又出现了新的、严肃的竞争对手。巴塞罗那和马赛都从热那亚人和造船业中获益。热那亚衰落后，经常在著名的阿马尔菲海事学校接受培训的意大利船员对葡萄牙的航海史至关重要。这些意大利船员不仅带给葡萄牙新兴的航海知识和造船技术，同时在一定程度上激发了葡萄牙人探索经南大西洋通往东方世界寻找宝藏的灵感。尽管热那亚水手在尝试经非洲西海岸向南的冒险中经常失败，但他们积累了宝贵的地理知识及航海经验。最重要的是，他们最终认识到在地中海广泛使用的桨帆船完全不适合在大西洋航行。葡萄牙人根据这种经验在15世纪开发了另一种船型——卡拉维尔船（Karavelle），为前往非洲的发现之旅提供了可能性。通过木板平接式建造的卡拉维尔船有两根或三根桅杆，100吨是此种船型的最理想载重量。卡拉维尔船的外形呈圆滑流线，因此可以在风中扬帆高速行驶，同时还能够为持续不断的长途航行携带足够的给养和设备。卡拉维尔船较浅的吃水使得在海岸附近的航行成为可能，人们也可以选择在桅杆上悬挂方帆或三角帆。例如，瓦斯科·达·伽马在前往印度途中的大西洋海域中使用了方帆，但由于季风影响，在印度洋海域又改用三角帆航行。

第三章

从维京人到汉萨同盟：中世纪北欧的航海

随着罗马政权在欧洲西北部统治的结束，这一地区航海技术的发展也陷入低谷。在这些水域中，几百年间难以见到帆船的身影。诸如丹麦尼达姆船，或者英格兰东南地区萨顿胡古墓出土的造于7世纪的萨顿胡舟这样的长艇才是盛行于北欧的船型。1860年出土于丹麦南部城市森纳堡的尼达姆橡木船长约24米，宽3米多。该船的船体板材边缘重叠，船艏艉分别向上拉起，表明其使用地域在较为开阔的海面。船体两侧各设有36支桨。根据树木年代学研究，该船应该建造于公元320年左右。英格兰东部出土的萨顿胡舟采用类似的建造方式，但体积更为庞大，也是一艘纯粹的划艇。因此人们确信，尽管水平较高，但北海和波罗的海地区的造船技术在三百多年中始终停滞不前，这也通过其他更多的沉船残骸而得以证实。

直到8世纪，维京人才从根本上更新了北欧帆船。当然如果没有前辈船型的铺垫，维京长船也不会取得这样的成就。因为就船体设计来看，维京长船继承了萨顿胡舟和尼达姆橡木船的长船风格。维京人的大型划艇似乎主要用作战船，这与北欧民族迁徙的过程密切相关。此外，盎格鲁-撒克逊人在入侵不列颠时也使用了维京长船。

中世纪早期的北欧航海史中值得一提的还有源自爱尔兰的

航海成就。早在斯堪的纳维亚成为海盗活动的舞台之前，爱尔兰传教士就曾驾驶简易小船（兽皮舟）来到苏格兰西北部的岛屿，建立修道院。这些小船长约4至5米，由木头或兽骨建造，之上覆盖着防水皮革或皮毛。爱尔兰僧侣甚至在最晚8世纪时到达过冰岛。最著名的文字记录是爱尔兰传教士布兰达写于8世纪末期的游记《圣布兰达航海记》(*Navigatio Sancti Brendani*)，然而在凯尔特爱尔兰神话和基督教罗马教义的影响之下，却很难将真实的航海经历与旅行区分出来。或许这本书只是以历史上的传教士布兰达为基础的各种口头流传故事的汇编。传教士布兰达生活在6世纪上半叶，赫布里底群岛的许多修道院的建立都与他密不可分，其中最为重要的是伊奥那岛的修道院。海上传教活动从爱尔兰—苏格兰海域跨越北海，直至斯堪的纳维亚。

提到中世纪早期的北欧航海史，人们不可避免地便会联想到维京人的大胆和暴力。特别是维京人的暴力劫掠在同时代的许多文字记录中占据了很大篇幅。维京人来自北方，然而由于他们非凡的海上流动性，维京人似乎对同时期的所有民族都进行过侵扰，几乎没有一个欧洲沿海城市幸免于难。维京人甚至直入地中海，穿越宽阔的俄罗斯河流到达黑海，严重威胁了强大的拜占庭造船业。

在几乎三百年的时间内，斯堪的纳维亚向欧洲西部、南部和东部输出了一拨又一拨海盗，再通过频繁地抢掠以征服者的姿态在各地定居，也曾以商人身份作为掩饰。除了一系列的社会经济和权力政治因素之外，这一独特历史现象的存在是基于一个基本事实的，即8世纪末斯堪的纳维亚人的造船和航海技术已发展到一定的高度，航海水平明显高于北欧和西欧的其他民族。源于北欧悠久造船传统的维京长船与高超的航海技术相结合，才使得维京人的海上航行成为可能。维京长船巨大的方帆，高高翘起的、经常以装饰物点缀的船艄仍然是当今这个时代最引人注目的象征。11世纪末期著名的贝叶挂毯形象地描绘了1066年征服者威廉率领维京式兽头船在英格兰的海上登陆（彩图5）。

根据商业和军事的不同用途，维京长船的尺寸大小不尽相同，帆桨组合的方式提升了维京长船的速度和可操作性，当时的欧洲大陆和不列颠群岛都认为这是不可能实现的。由于维京长船船身修长，因此吃水很浅，能够驶入伦敦、巴黎和汉堡等内陆城市。这些船也不需要在港口停泊，因为它们能够在任何浅滩被拖上岸。维京人能够在长船上搭载战士和马匹，在任何需要的地方登陆，撤退时也能够驶入河道及浅湾，从而逃避军舰的追捕。与对手相比，维京人具备强大的优势：攻击海岸时能够如同登陆艇般随时停靠，袭击内陆城市时也会出其不意，因为他们的船舶也能够在浅水河流或内陆湖泊上航行。位于不列颠群岛之外的法兰克王国也经常受到维京海盗的侵扰，原本完全没有航海经验的法兰克贵族却从中受益匪浅。

斯堪的纳维亚人不但非常熟悉船舶的建造和操作，而且具有高超的导航技能，可以在没有陆地景观的情况下神奇地在远海航行数天。在此之前，北欧的航海意味着基于陆地标志的沿海之旅。生活在北海瓦登海沿岸的弗里斯人便是通过此种方式主宰了7、8世纪北海和波罗的海之间的商品交换。

12世纪之后的北欧神话和英雄史诗有时会暗示，一代又一代的斯堪的纳维亚人是如何学习将自己的船舶驶入广阔的远海。除了对大自然和星空的细致观察之外，他们还使用了一些辅助导航工具，例如在中心放置阴影针、能够指向北方的木制圆盘。另一种经过证实的导航辅助设备是安装在桅杆顶部、用来指明风来方向的金属风向标。然而，一次平安航行的决定性因素依然是一位具有丰富航海经验的船长。

除了可搭载70人的细长锐利的军用长船之外，斯堪的纳维亚人还发展了一种运载量达25吨的浑圆形货船。在这些船右后方船舷安装的方向舵负责控制行驶方向，因此今天右舷依然被称为"操控边"（steuerbord，其词源为古英语 steorbord）。当舵手转舵向另一侧时，左舷被称为"靠岸边"（port，停靠港口）。桨和巨大的方帆是该船的动力来源，根据风力条件可以收帆。凭借强劲的后侧来风，长船能够达到惊人的航行速度。鉴于长船的重要性，它们在北欧神话中占据中心位置也就不足为奇了。北欧神话赋予长船生命，因此每艘船都有自己的名字，这也是一种在整个航海世界中盛行的风俗。

苏格兰附近的离岸岛屿奥克尼群岛和赫布里底群岛是被来自挪威的维京人长期控制的第一批岛屿,海盗掠夺与殖民化并行。公元800年,维京人到达法罗群岛,五十年之后是冰岛,当时一艘从挪威驶往法罗群岛的船偏离了航道,经过冰岛。在被发现之后,冰岛在9世纪末期便开始成为挪威人征服和定居的目的地。据目前的数字统计,在公元930年的第一次移民阶段中约有2万人前往冰岛,这使得北大西洋的海上交通紧密地联结起来。

公元900年左右,同样是一艘偏离航线的维京长船在经过冰岛的同时偶然发现了格陵兰岛。公元980年,被冰岛流放的北欧海盗红发埃里克才开始研究前人对这条路线的记录,成功找到这个与冰岛西南海岸类似的新岛屿,将其命名为格陵兰岛。尽管移民宣传力度很大,但只有极其微小的一部分斯堪的纳维亚人在此定居。少数定居在格陵兰岛的人们也必须依赖于来自外部的生活必需品供给。因此,格陵兰岛的正常航运最初还勉强维持,但在随后的中世纪中却不断减少,最终导致了斯堪的纳维亚人在格陵兰岛移民的衰落。

长久以来,人们对于维京人早于哥伦布几个世纪到达美洲的这种观点始终持怀疑态度,直到1961年考古学家在纽芬兰发现新的定居点遗迹。他们提供的考古证据表明,公元1000年左右,维京人确实在冰岛史诗中提到过纽芬兰,但在纽芬兰的长期定居由于各种各样的原因并未实现。

第三章 从维京人到汉萨同盟：中世纪北欧的航海

维京时代最令人叹为观止的长途航行是由挪威人奥塔尔完成的。这位居住在今挪威特罗姆瑟峡湾地区的商人与盎格鲁－撒克逊国王阿尔弗雷德大帝（848—901）存在商业往来，大约890年，奥塔尔在北方进行了一次海上航行，一直向北进入白海并行至德维纳河口。经过漫长的六百六十年之后，另一位航海家才找到方法再次完成这一航线：1553年，受伦敦商业探险公司所托，英国人休·威洛比为寻找东北航道而进行北极地区的探险航行，但也失去了自己的生命。

奥塔尔为威塞克斯国王带回了关于航行沿途国家、人民以及航海环境等的详细旅行报告。奥塔尔此次航行的报告，以及之后沿挪威海岸南部穿越丹麦岛屿的航行信息都被载入了受阿尔弗雷德大帝所托而编写的《盎格鲁－撒克逊编年史》。

在对斯堪的纳维亚海上探险的所有资料进行总结的基础上，我们能够确定，在公元800年至1000年，他们的航行足迹遍及从加拿大到白海的整个北大西洋。斯堪的纳维亚人是掠夺者、征服者、贸易商和定居者等多种角色的复杂混合，他们促使北欧航海史发生了决定性转变。从政治和社会经济角度来看，这个时代对北欧人来说也意味着转变。因为维京人不仅在祖辈的土地上建立王国，而且开发了许多如都柏林、卑尔根、海塔布/石勒苏益格、维斯比这样的港口城市，并且通过大胆的海上冒险扩大了欧洲人的知识视野。斯堪的纳维亚人的海上流动促进了基督教在北欧和北大西洋岛屿世界的传播，这些都是西欧文化史的组成部分。维京人通过对修道院、贵族和国王的经济掠夺和压榨获取的大量黄金白银参与了贵金属流通，激发了远距离贸易的发展及新航线的开辟。这种海上贸易转运点逐渐发展为港口城市。通过这种方式，北方出现了从格陵兰岛延伸至冰岛、从不列颠群岛延伸至波罗的海地区的海上王国和海洋文化。例如，1018年至1035年在位的丹麦国王克努特还统治着北大西洋岛屿世界、挪威以及英格兰大部地区。

维京人的航海成就为中世纪北欧商船运输铺垫了基础，12世纪由德国北部主要沿海城镇组成的航海联盟被载入史册，史称汉萨同盟。

中世纪全盛时期出现的汉萨商人的柯克船（Koggen）代替了维京长船，14世纪时几乎垄断了波罗的海和北海的整个海上运输。日德兰半岛西部的弗里西亚是柯克船最有可能的诞生地。柯克船船身短宽而平坦，使用高效率的船尾中心舵控制方向，船壳木板搭接，由一块板搭着另一块板层叠拼合，形成锯齿状外观。较大的柯克船可以载重100吨，通常需要配备8名至10名水手。从建造方式来看，汉萨早期此种标准的船舶尽管具有一定的适航性，却极难操控，尤其是在逆风条件下。由于导航技术所限，汉萨船员起初主要驾驶柯克船在沿海区域航行，后来才在罗盘等导航设备帮助下进入广阔的远海航行。现在，通过建造技术的进一步发展，柯克船的船体结构也日臻完善。根据船体和艉楼的大小不同，柯克船能够在不同区域内广

插图3　汉萨同盟商人使用的柯克船

泛使用。不过，柯克船始终装备一片方形帆。

在12世纪和13世纪，北欧沿海地区发展起来的新城镇不再像海塔布/石勒苏益格或弗里斯兰的杜里斯特一样，仅仅作为季节性的海上贸易区，而是作为具备码头、仓库等港口基础设施的、能够满足海上运输需求的永久性的市场。波罗的海沿岸新发展的贸易城市包括1158至1159年重建的吕贝克。半个世纪之内，波罗的海南部沿海从梅克伦堡到巴尔德库姆的地区内出现了大量此种模式的新港口城市，促进了海运贸易的繁荣发展。

汉萨同盟贸易的扩大以及越来越多难以避免的海上贸易争端表明，由海事部门参与的、适用于所有航海者的航海法规制定势在必行。迄今为止约定俗成的商事习惯已无法满足现实需要。这不仅涉及纯粹的航海问题——首先是不同工种船员的职责和权利以及船舶遇险时的行为规范，同时也涉及船舶租赁、保险或管理机构职责等问题——此处仅列举法规中最重要的几项。汉萨同盟的法律对海上贸易监管和汉萨同盟的成功发挥了至关重要的作用。汉萨同盟的海洋法来源于各种不同的地方法典，例如12、13世纪法国的《奥列隆海法》和《威斯比海法》，同时还包括各个城市的具体城市法规，例如吕贝克和安布，以及汉萨议会决议通过的案例法令汇编。1537年，汉萨同盟根据在荷兰和佛兰德商栈处理贸易事务时保存下来的部分管理法例制定了成体系的《海商法》。

汉萨同盟法律中关于航海运输条件、船员利益分配以及航海法规等许多内容都能够上溯至古代航海时期。与造船和导航一样，腓尼基人在海洋法的发展中也发挥了重要作用。不断扩大的贸易网络也要求腓尼基人在某一时间点对航海中涉及的各种情况做出法律约定。这一系列的法规被称为《罗得海法》，其中的一些重要规定一直沿用至古典时代晚期和地中海时期的航海。可以这样说，直至中世纪早期一直适用于整个地中海欧洲国家的罗马海洋法就是由《罗得海法》演变而来的。1010年制定的《阿马尔菲法典》同样也影响了之后的《奥列隆海法》

和《威斯比海法》。随着欧洲人海上殖民扩张的发展,《罗得海法》的基本海事法规逐渐遍布全球,至今仍然在国际海事法中发挥重要影响。

随着时间的推移,汉萨同盟的海上运输产生了越来越多的衍生部门。11、12世纪时,商人仍然在商品运输过程中同船随行,陪伴着货物,经常出现的情况是一人身兼商人和船长两职。自13世纪起欧洲贸易革命导致了北欧航运专业化的不断增加:一艘船有一位(或几位)船主、一位船长、数名水手和货主。随之而来的是海运知识和投资造船领域的差异化发展。

1400年左右,作为汉萨同盟主力商船的柯克船载重达到250吨的顶峰。从1400年开始,一种起源于西欧造船技术的被称为霍尔克(Hulk)的船型越来越多地出现了。这种有着厚厚腹部、艏楼和艉楼、双桅或三桅的霍尔克船仍然装备一个矩形方帆,载重可达350吨,逐渐成为15世纪北欧海域的主力船型。此外,根据运输目的的不同,沿海海上运输还出现了许多小型的区域性船舶。就造船业而言,在即将过去的中世纪,汉萨同盟的造船者更多地受到伊比利亚半岛发展的影响。

尽管汉萨航运的核心地区是北海和波罗的海,但随着时间的推移,汉萨商人将他们的海上网络延伸到法国和葡萄牙的大西洋海上货运领域,有时汉萨船舶也通往地中海,直达威尼斯。直至15世纪,汉萨同盟的海上商业优势依然强大,斯堪的纳维亚王国十分依赖由汉萨商人控制的重要商品供给。但随

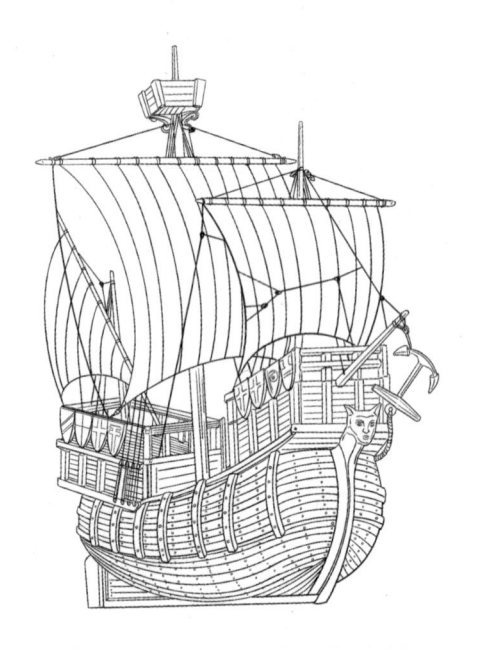

插图 4　15 世纪汉萨同盟商人使用的霍尔克船

着个别汉萨城市的转型以及竞争对手荷兰航运的出现，汉萨同盟的统治地位在 15 世纪逐渐崩溃。然而，吕贝克或汉堡这样的汉萨城市仍然没有失去其重要性。

霍尔克船逐渐以其更大吨位的优势在远洋运输领域取代柯克船的统治地位，半个世纪后的 1450 年，柯克船已经基本退出了历史舞台，在长途运输领域完全让位于霍尔克船，前者只在内河和近海短途运输中继续发挥着余热。

第四章　地理大发现时代的航海

第一次现代海上探险始于14世纪末热那亚水手沿非洲西海岸前往大西洋的航行。然而，不管是在热那亚或是意大利其他航海城市中，这次探险并没有产生持续的影响。因此，开发通往非洲南端的航线和进入印度洋的重担最终落到了葡萄牙人的肩上。

为什么葡萄牙人成为欧洲大西洋探险之旅的主角？除了葡萄牙的天然地理位置因素以及上述热那亚的影响之外，两个政治因素发挥了非常重要的作用。作为葡萄牙国王若奥一世第四个儿子的亨利王子（1394—1460）远离政治，将兴趣和精力全部投入葡萄牙的航海发展，组织和资助了最初持久而系统的探险。虽然他从未真正参加海上探险，但却获得了"航海家亨利"的称号。1415年，亨利王子亲任统帅突袭休达，打败了摩尔人。来自廷巴克图的阿拉伯商队经休达这座港口城市将欧洲人梦寐以求的珍宝从非洲内陆运抵欧洲，但阿拉伯人掌控的这条航线因葡萄牙人对休达的占领而中断。不过，葡萄牙没能进一步征服摩洛哥，阿拉伯人又对贸易路线实施封锁。葡萄牙人相信在摩洛哥的转运是打开通往非洲航路的关键。

另一个政治因素直到15世纪中叶才开始起作用，与奥斯

第四章 地理大发现时代的航海

曼帝国在东地中海的扩张密切相关。1453年君士坦丁堡被土耳其人征服,标志着拜占庭帝国的终结,同时也是威尼斯和热那亚在欧洲东方贸易以及地中海东部主导地位的终结,黎凡特、埃及和重要的爱琴海群岛不久之后也被土耳其人统治。因此,基督徒进入黑海的海上道路受阻,与远东的商贸也因此衰败。如果他们不与奥斯曼帝国订立和约,欧洲的商人和水手就必须寻找其他通往东方世界的新航路,得到令人垂涎的珍宝,其中环绕非洲大陆的新航路开辟似乎成为欧洲人最大的成功。

亨利王子经常派遣船只探索大西洋中西部海岸,他在萨格里什(阿尔加维)小村定居,创办了一所航海学院,培养葡萄牙水手,提高他们的航海技艺。前现代航海已经达到一定的科学水平并进一步系统发展。15世纪20年代,亨利王子的水手们重新发现了北大西洋中的亚速尔群岛和马德拉群岛,这些群岛成为葡萄牙人继续大胆向南航行的跳板和补给站。1434年,葡萄牙人征服了靠近加那利群岛、一直为海员所畏惧的博哈多尔角(亦称恐惧角)。博哈多尔角暗礁密布,因其风向、海流以及不断变化的沙洲、来自撒哈拉沙漠的沙尘暴和频繁出现的雾气而令人恐惧——极其重要的一点是,许多海员的头脑中仍存有中世纪时代的传说,这里是黑暗之海的入口、大地的尽头和人间的不归路,更不用说还有无数居住于此的海洋怪物的神话。事实上,自从14世纪初以来,无数冒险穿越博哈多尔角的船只都失踪了。亨利王子向博哈多尔角先后派出了大约15

支探险队，直到1434年吉尔·埃亚内斯率领的远征队终于成功越过该角，平安完成了环游航行。

八年后，葡萄牙船舶驶过现位于毛里塔尼亚的白角。直到1460年亨利王子去世，葡萄牙水手还航行到了冈比亚河口和佛得角群岛。他们发现可以在回程途中远离西非沿海的逆风和洋流，当他们向西前往佛得角群岛时，首先驶向亚速尔群岛，从那儿凭借盛行的西风回到葡萄牙。

与此同时，里斯本商人已经明确表示了对这些新航线的兴趣，开始投资探险航行。因为从西非返回的船只第一次绕过阿拉伯中间商，直接向葡萄牙运回了珍贵的黄金、象牙以及奴隶。葡萄牙人在西非沿海和几内亚湾建立了第一个贸易中转站，葡萄牙船舶可以从这些站点出发继续深入南方。

这些旅程中获得的所有航海知识，特别是洋流和风力条件以及沿海路线，都被记录在秘密日志中，在萨格里什航海学校汇编并被视为国家机密。这些知识是1487至1488年巴托洛梅乌·迪亚士绕过非洲南端的好望角以及达·伽马1497至1499年前往印度航行的基础。

当达·伽马出现在印度洋时，他发现了一个历史悠久的、从阿拉伯半岛经过印度次大陆到达东亚岛屿世界和南中国海的海上贸易网络。凭借强悍的海上力量和高超的航海技巧，葡萄牙人在短时间内便介入了与东亚的商品交换。在非洲的东海岸，他们通过掠夺阿拉伯人的城邦获得了海上要塞。自1505

年开始，葡萄牙人开始征服印度西海岸，创立海上要塞及贸易工厂。印度的海上贸易城市之间处于敌对状态，葡萄牙人因此获利，他们在印度的势力逐渐扩张。1509年，葡萄牙在印度西北海岸的第乌岛附近击溃了阿拉伯舰队，巩固了在印度洋上的地位。1510年，葡萄牙强占印度西海岸的果阿，对果阿进行殖民统治，行使行政管理权直到18世纪。

首个前往印度的葡萄牙商船的成功唤起了葡萄牙人的欲望，16世纪中叶，当西班牙人确立了在整个中美洲和南美洲大部分地区的统治地位时，葡萄牙人则主宰了非洲、印度和亚洲的海上贸易航线。即便是印度大陆上最强大的莫卧儿帝国，也无力与葡萄牙人的舰队相对抗。印度的海事技术远远落后于葡萄牙。葡萄牙人主要利用他们在船上携带的枪炮来夺取霸主地位，这是1500年左右由火炮带来的海上战争革命。对亚洲水手来说，火炮是一种全新的事物。这种神奇而令人恐惧的武器使葡萄牙船队的赫赫威名在印度和亚洲海域蔓延了数十年。

葡萄牙人定期派出海上突袭小队从果阿和其他海上要塞出发，抢夺港口城市并侵扰阿拉伯和印度的海上贸易。随着葡萄牙人对马六甲的征服，整个东亚海上枢纽的控制权落入葡萄牙人手中。每年都有亚洲主要生产区——泰国、中国和其他香料群岛的贸易商来到马六甲。此时葡萄牙人控制了从印度洋到太平洋的通道。16世纪末之前，葡萄牙人通过这种方式建立了海上贸易垄断，将殖民势力扩张至菲律宾，最终获得了重要海上要塞澳门和长崎的控制权，可直达中国海域。这时，葡萄牙人完全控制了欧洲的香料市场，利润率高达1000%。几十年来，里斯本已成为世界性的贸易大都市。葡萄牙通过建立通往亚洲的数个海上战略要塞保护其商业利益。

然而，这个广阔的海洋贸易帝国却产生了难以解决的问题，主要集中于船员身上：葡萄牙本国人口数量过少，难以满足日益增长的对海员的需求。因此，在葡萄牙船上只有船长是葡萄牙籍，而普通水手则来自其他各国。另外，在殖民贸易中获得的难以估量的财富也存在着管理不善的问题。这些资金越来越多地流入豪华建筑领域。商业开发也更多地落入外国人手中，尤其是荷兰人。

16世纪末，由于葡萄牙帝国与西班牙帝国的合并（1580年），葡萄牙被迫卷入了数次海战。当时其他新兴的欧洲航海国家对伊比利亚的殖民扩张颇有争议。葡萄牙还不得不处理荷兰人对其亚洲殖民地的渗透问题。

1455年，罗马教皇尼古拉斯五世和罗马祭司颁布了授予葡萄牙海上霸权的特权令，宣布葡萄牙人已经侵占的、还未侵占而准备侵占的地方全部是其势力范围，甚至包括未知的非洲大陆南端。两年后，教皇将葡萄牙的这一特权延伸至印度。西班牙王位继承战争期间（1475—1479），西班牙舰队试图突破葡萄牙的海上霸主地位。然而卡斯蒂利亚女王伊莎贝拉一世却为了换取葡萄牙承认西班牙对加那利群岛的宗主权，而与葡萄牙签订了《阿尔卡索瓦斯条约》(1481)。这次与葡萄牙的海上霸主争夺对西班牙来说并不重要，因为当时的西班牙将所有力量都投入了从阿拉伯手中收复失地的运动中。

通过与阿拉贡的家族联盟，卡斯蒂利亚、西班牙及其他独立领地的王国联合起来，这是自8世纪以后西班牙第一次出现统一的政治实体，阿拉贡也带给卡斯蒂利亚新的海洋资源。当巴托洛梅乌·迪亚士绕过非洲好望角的消息传到欧洲之后，伊比利亚的邻居和竞争对手都看到了东方巨大财富的前景，卡斯蒂利亚和阿拉贡联盟对海上活动的兴趣与日俱增。西班牙在这一方面具有优势，因为哥伦布已经向王室游说了自己向西航行的奇妙想法并且得到了伊莎贝拉的赏识。哥伦布在葡萄牙里斯本时已经获得了许多远洋航行的技术和经验，学到了许多天文、地理、水文、气象知识，掌握了观测、计算、制图的学问。此外，他还了解了古代作家提出的地球向西旋转的可能性，是地圆说的信奉者。不过，葡萄牙王室并未采纳他的宏伟计划，约翰二世国王集中了所有海上力量开发经非洲环球航行的资源。另一方面，伊莎贝拉女王经过几年的专业评估和筹备后为哥伦布提供了远航舰队所需的各种装备。1492年8月3日，哥伦布奉西班牙女王之命，率领由三艘轻型帆船组成的舰队从西班牙巴罗斯港起航横渡大西洋。主力船"圣玛丽亚"号载重不超过100吨，其他船只的大小只有它的一半。3艘船的船员总共不超过90人。在加那利群岛停留数周之后，船只装备得到了改善，于9月9日开始进入未知的旅程。凭借简单的航海仪器，哥伦布在不见陆地的远海上安全航行30天，航海里程超过3000英里，这是任何其他欧洲航海家都从未实现过的壮举。然而，随着航行时间越来越长，船员中开始出现怨言牢骚。哥伦布的航海日志显示，在陆地出现前的最后时刻，一场船员的叛变几乎爆发。

1492年10月12日，哥伦布一行抵达当地印第安人所称的瓜纳哈尼岛（今巴哈马群岛的圣萨尔瓦多），这也得益于30天前他们在加那利群岛的补给。如果哥伦布一直向西航行，那么他永远也不可能到达美洲，而是在北大西洋海域与西风、洋流做斗争，最终在船员的叛变中走向失败。哥伦布不仅在第一次航行中发现了新大陆，还找到了正确的海上路线。返航途中，他先向北偏东航行，借助墨西哥湾暖流掉头向东行驶至北纬40度，后利用北半球西风经过亚速尔群岛返回西班牙。

为了避免西班牙和葡萄牙之间因划分世界而发生新的冲突，教皇亚历山大六世被双方任命为仲裁员，裁定西班牙有权占有佛得角群岛以西约600公里以外的所有领土，葡萄牙拥有佛得角群岛以东同样长度以外的非洲和亚洲的所有殖民权。1494年，两个伊比利亚王国之间的《托尔德西里亚斯条约》规定：经过谈判，葡萄牙将佛得角群岛以西的分界线向西移动约2000公里。这就意味着1500年佩德罗·阿尔瓦雷斯·卡布拉尔在前往印度的途中意外发现的巴西海岸属于葡萄牙。

第四章 地理大发现时代的航海

哥伦布在接下来的3次航行中大致重复了第一次航行的路线，最终确定了欧洲与中美洲之间的固定航线：从西非海岸向南航行，进入东北信风带之后顺风到达安的列斯群岛和加勒比海，或者南美洲海岸。返航时首先向北航行到达墨西哥湾，利用墨西哥湾暖流和西风带返回欧洲。这条航线对西班牙与中南美洲的海上交通具有极其重要的意义，同时也催生了欧洲、非洲与美洲之间的三角贸易。1532年，西班牙成立专门机构保护本国往返于欧洲与美洲之间的、满载美洲贵金属的船只免受海盗袭击。

然而，哥伦布4次远航所带回的物质回报令西班牙王室极其失望。与预先的承诺不同，哥伦布并没有到达富庶的亚洲，而是发现了许多新的岛屿，但没有黄金和香料。在这个方面，作为航海家和征服者的哥伦布取得的成就应该更大。尽管已经陷入不利境地，但哥伦布确信有一条通往亚洲的海路，一直向西也会发现香料岛。在哥伦布第四次航海旅行的十年之后，又一位西班牙航海家确信，有一块巨大的陆地阻塞着美洲海路：瓦斯科·努涅斯·德·巴尔博亚作为首个穿越了巴拿马地峡的欧洲人，看到了他梦寐以求的大南洋（他当时给太平洋起的名字）。在接下来的几年中，其他航海家向南北方向摸索了新大陆东海岸的海岸线。其中之一是哥伦布第一次航海中"尼尼亚"号的船长维森特·平松，他于1516年抵达拉普拉塔河口。这个激动人心的消息似乎为通向新大洋带来了新希望，西班牙人寻找西行亚洲航路的想法复苏了。

由于命运的安排,一位葡萄牙航海家再次为西班牙效力,打开了通往新世界的道路,因为葡萄牙国王对开辟亚洲新航路毫无兴趣。两个伊比利亚邻居之间再次出现了竞争,此时的葡萄牙已经在亚洲印度建立了一个贸易帝国,这也促使西班牙国王查理五世(即卡洛斯一世)听从了这位葡萄牙籍航海家的建议,并为他的远航舰队提供资金支持。费尔南多·德·麦哲伦以西班牙语人名载入航海史册。麦哲伦被编入国家航海事务所,曾多次在东南亚等地进行海上探险和殖民活动。这段经历使他积累了丰富的航海经验,对亚洲的航海情况极为了解。同时,麦哲伦也非常熟悉制图和导航知识。正是由于这些原因,他成为这次行动的最佳人选。

1519年9月20日,共有5艘船237人的小型舰队从瓜达尔基维尔河口的塞维利亚港起航。麦哲伦于12月抵达南美洲海岸,从这里开始耗费一个月时间探索通往更大海湾的路线。船员们以为到了美洲的尽头,可以顺利进入新的大洋,但是经过实地调查,那只不过是一个河口——拉普拉塔河口。南美的隆冬季节迫使麦哲伦率船队驶入圣胡利安港(在今阿根廷圣克鲁斯省)准备过冬,当时没有人知道通往新大洋的海峡就在向南400公里处。5个月之后,船队才再次起航。尽管损失了两艘船,圣胡利安港也发生了叛变,麦哲伦的坚持不懈最终得到了回报:1520年11月28日,仅存的3艘船在航行600多公里之后穿过了一条通往"南海"的峡道,即后人所称的麦哲伦海峡。穿过海峡西口,眼前出现了一片平静的大洋。麦哲伦的心情从来没有这样轻松过,就给"南海"起了个吉祥的名字叫"太平洋"。在这平静辽阔的太平洋上,看不见陆地和岛屿,食品成为关键的难题,航行几乎失败。物资供应不足,大部分船员死于坏血病或营养不良。将近4个月之后,幸存的船员到达马里亚纳群岛,1521年3月,船队终于来到以西班牙国王之子命名的菲律宾,现今的菲律宾群岛。1521年4月,麦哲伦介入部落间的战斗,在马克坦丧生。"维多利亚"号船长埃尔卡诺继续带领船队前进,在马鲁古群岛的蒂多雷小岛上一个香料市场换取了大批香料。当"维多利亚"号返回圣罗卡时,船上只剩下18人了。

在麦哲伦和其他西班牙探险队渗入太平洋的东亚群岛之后,西班牙与葡萄牙的殖民利益再次发生矛盾。双方在菲律宾和威瑟群岛之间水域的冲突再次升级。经过几年的谈判,西班牙和葡萄牙于1529年重新签订了《萨拉戈萨条约》,以一条经线为界(这一次约为东经142度)明确分割在太平洋上的势力范围,该条约类似于《托尔德西里亚斯条约》:香料群岛(此处指马鲁古群岛)属于葡萄牙,菲律宾属于西班牙。最晚自1565年起,新西班牙殖民区(墨西哥)通过所谓马尼拉大帆船参与西班牙全球海运贸易之中。1571年马尼拉城建立之后,每年大约一至两艘西班牙大帆船往来于马尼拉与新西班牙殖民区的阿卡普尔科之间，一直持续至1815年。关岛通常作为中转基地，之后中国也参与了这段海运。驶往阿卡普尔科的航行开始于每年6、7月交替时期，以避免太平洋台风。航程持续7个月，3/4的海员和乘客在到达墨西哥之前死亡并不罕见。因此，这条路线是当时最为凶险的常规海上航线。相反，返回马尼拉的船舶能够借顺风快速安全地到达目的地。

为了组织和监管与新开辟的美洲殖民地之间的船舶和货物运输贸易，1503年西班牙伊莎贝拉女王在塞维利亚皇宫成立了美洲贸易局。这一机构还负责评估航海大发现时代的地理知识，以及对前往美洲（以及之后的太平洋地区）的船员进行航海理论及实践知识的培训和测试。1523年西班牙还成立了负责航海仪器制造的机构，甚至在一所航海学校设置了一个地理学和航海学的教师职位。

随着葡萄牙人对非洲及印度海路的开发以及西班牙航海家发现从美洲通往亚洲的新航路，古希腊天文学家托勒密的世界地图完全被推翻：托勒密认为，非洲和新发现的美洲无法从海路到达，印度洋是内海。

大航海时代的远洋贸易及地理大发现需要载重量更大的船舶，体形相对较小的卡拉维尔船和稍大的克拉克帆船明显无法满足时代的新需要。因此，在16世纪末的伊比利亚半岛上，人们开发了一种新型的盖伦帆船（Galeone），这种帆船通常有4根桅杆，前帆和后帆都装配大三角帆，主桅杆达到了一定的高度，必须由3段拼接合成。盖伦帆船的船身形状与卡拉维尔船和克拉克帆船相比较为狭长，建造工艺更为复杂，尤其是艉楼的高度明显较低，与克拉克帆船相比不太容易受到侧风的影响，船体长宽比约为4∶1，而其他两种不超过3∶1。随着一些改进，特别是大炮的安装，盖伦帆船自16世纪起成为西班牙前往美洲和太平洋地区的标准船型。越来越多的传教士、商人及下层人士在新西班牙定居，从西班牙前往美洲的客流量迅速增加，对盖伦帆船的载客量提出了新要求。客舱部分过分加高的盖伦帆船与1600年左右的标准外形相比，有时显得极为怪

插图5　大航海时代葡萄牙使用的盖伦帆船

诞，这也是导致大量船舶受损的原因。

通过吸收欧洲西北部的大西洋造船技术，伊比利亚探险家们的海外领地的造船技术得到新的发展，特别是对盖伦帆船的进一步改造。其与西班牙盖伦帆船的不同之处主要在于更精致的帆装和更加流线型的船型。荷兰和英国的盖伦大帆船还拥有更为平坦光滑的船舷，所有这一切都使它们比笨重的西班牙盖伦帆船更为敏捷。在1588年英吉利海峡海战中，英国吨位较小的盖伦型风帆战舰以决定性优势战胜了西班牙无敌舰队。后来的英国航海家弗朗西斯·德雷克在完成世界环游航行时驾驶的"金鹿"号也是经过改良的西班牙盖伦帆船。而此时，他们地中海邻居们的造船技术却止步不前，依然满足于帆桨船的各种不同变体。

彩图1　古埃及纸莎草船模型

彩图2　古埃及木船模型

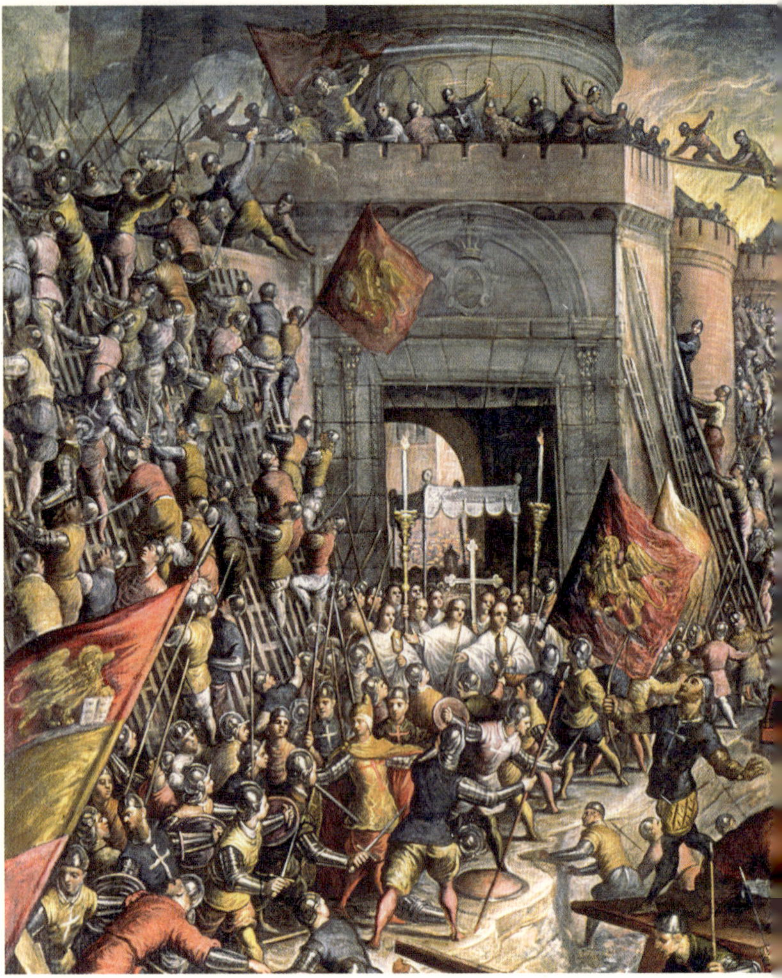

彩图3　第四次十字军东征围攻君士坦丁堡的威尼斯战船

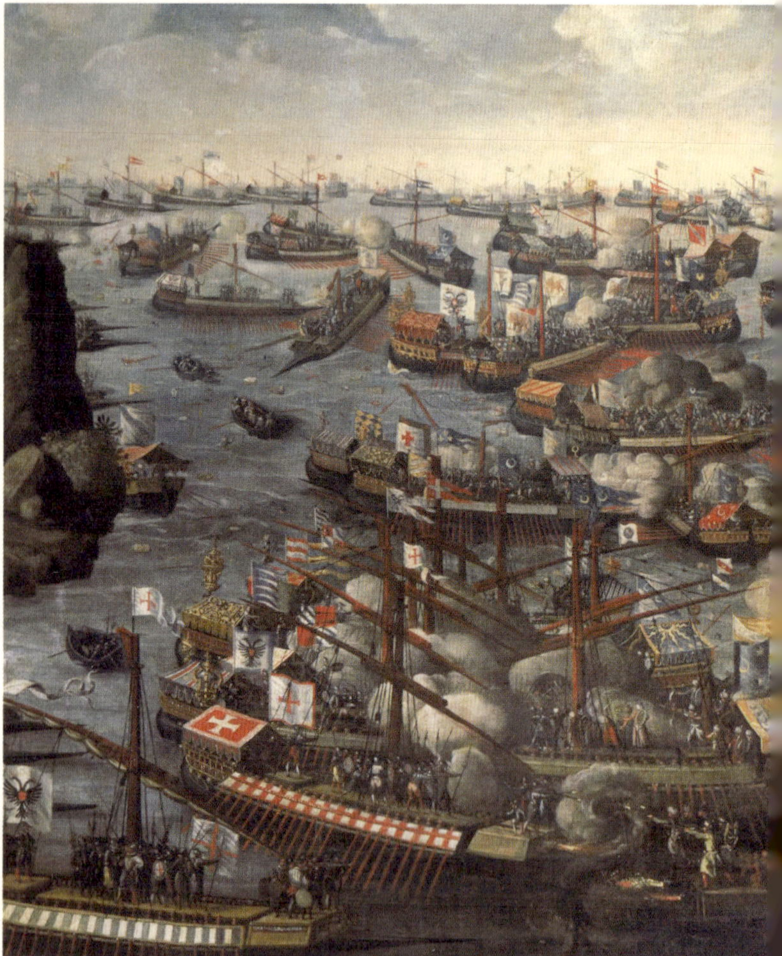

彩图4 1571年勒班陀海战场景

TRAN

彩图 5　1070 年英国贝叶挂毯上维京式兽头船

彩图 6　约翰·哈里森设计的航海计时器

彩图 7　航海用测时六分仪

彩图8　亚伯拉罕·斯托克绘制的17世纪挪威斯瓦尔巴群岛斯匹次卑尔根岛附近的荷兰捕鲸船

彩图9　亚伯拉罕·斯托克绘制的1599年雅各·冯·奈克船长率领荷兰东印度公司商船从亚洲返回阿姆斯特丹的场景，画中可以看到荷兰商船艉高艏低的特征

彩图 10　1685 年由艾萨克·赛尔梅克绘制的英国东印度公司"印度人"商船，船上旗帜是东印度公司 1600 年至 1707 年期间的旗帜

彩图 11　俄国海军"帕拉达"号三桅快速战舰，几乎水平的甲板是此类船舶的明显特征

彩图 12　美国茶叶飞剪船

第五章　从海上掠夺到海上霸权

凭借毫无底线的海上掠夺，英国、法国和荷兰崛起为最主要的航海国家和殖民大国。对于罗马教皇支持的由西班牙和葡萄牙瓜分海上世界的势力划分方法，被排除在外的西北欧国家从最初就坚决抵制。然而，他们的动机并不在于对航海和贸易自由的关注，而是对伊比利亚人所开发的新大陆资源的渴望。其结果是在以商品为中心的开放海洋空间中爆发了持续性的海战，所有欧洲航海国家都或多或少地参与其中。各国统治者肆无忌惮地利用航海劫掠财富，而"私掠"是这些国家劫掠隐晦的开端。

最为重要的3个新兴航海国家和之后的殖民大国法国、英国、荷兰认为，海盗式的劫掠是抵制西班牙、葡萄牙海上霸权和保护本国海外贸易的适当手段。他们在海上发展了一场非常规的战争，旨在削弱政治对手和经济竞争者的实力。从国家角度来看，应该以尽可能低的成本投入战斗，这就是为什么这场私掠海战带有一定的私人性和商业性。

私掠的根源可追溯至中世纪尚无国家海军的时代，私掠当时被视为普遍合法的海上争端处理方式。国家授权指定的航海家针对本国以外的违法人士、船队进行追捕、摧毁等行为，或随意攻击和抢劫敌国的货船而不受惩罚。在私掠许可证中，私掠船舶的名称、所属地和授权统治者等信息都清楚注明。私掠船攻击敌船所获得的货物通常会在指定地点拍卖,其收入按照一定比例归船长、船员和授权国(皇室)所有。私掠证的设计和颁发带有明显的国家区分,从而导致了各国之间的进一步争端。

理论上来说,由国家或皇室授权的合法私掠只有在战争状态下才会对敌国实施。例如,中世纪时期汉萨同盟与英国,或丹麦与荷兰之间。国家层面的海战不会轻易爆发,而是首先派出以商船为主的私掠船进行交锋,旨在破坏对方的海上贸易。

历史经验告诉我们,维京式或与政府无关的活动也经常出现于海上私掠中,这就是真正的海盗。一个典型例证是14世纪粮食兄弟海盗联盟中的著名海盗克劳斯·施托尔特贝克尔,这一传奇海盗的时代背景源于瑞典和丹麦之间的战争,汉萨同盟和北德贵族也牵涉其中。施托尔特贝克尔首先得到了梅克伦堡公爵颁发的私掠特许证,在大国和平谈判之后,他开始进行非法的海盗活动。据估计,1394年在吕贝克已有300艘粮食兄弟海盗联盟的海盗船。由于海盗活动对海上贸易肆无忌惮地破坏,英格兰和丹麦统治者为了共同打击海盗行径而有意联合起来,这样便出现了许多海盗的传奇故事。

随着1402年被捕的70余名粮食兄弟海盗联盟的海盗在汉堡被处以砍头极刑,北海和波罗的海的海盗活动得到了一定程度的控制,然而永远无法消除的是海洋世界中无休止的经济和政治利益冲突。中世纪意大利贸易大都市的大商人也将海盗行径视作打击竞争者的捷径，只有当自身利益受损时才会反对海盗。

许多中世纪时期的海盗因素流入了现代早期的海上私掠中。这些主要针对敌国海上贸易而进行的抢劫和破坏从严格的法律角度看并不是海盗行径，尽管海盗们非常喜欢获得政府颁发的私掠许可证。私掠船也不是普通商船，它们配备了实施海上抢劫所需要的各种设备和工具。然而，私掠船也不是军舰，任何私掠船的工作人员都没有军衔。私掠船的船员为了赚取经济收益攻击敌船，尤其是船长和船主能够以此获得巨大的财富。颁发私掠许可证的皇室及国家也参与了大量利益分配。因此，对英格兰和法国这样较晚才开始发展海上力量的国家来说，私掠变得极富吸引力。

这是地理大发现时期欧洲的一大特征：国家之间表面上和平共处，但在远海，特别是海外领土上却发生着许多各国公民间激烈的小规模冲突。在这种矛盾的时代背景下，海盗登上了航海史的历史舞台。从各国对海盗概念的委婉表述可知，尽管海盗并没有获得公开的国家授权，但国家对海盗始终持宽容态度。英语将"海盗"简称为冒险家或自由船员，法语中的"海盗"意为地中海的风暴。

法国海盗首先在16世纪上半叶冒险进入大西洋。其中首位也是最为著名的海盗是基恩·弗罗莱，他于1523年在马德拉岛和葡萄牙之间的海域抢劫了从美洲返回的西班牙船只,获得了无数西班牙人从美洲阿兹特克蒙特祖玛(Montezuma)王国劫掠来的黄金、珠宝和珍禽异兽。弗罗莱从西班牙手中抢劫的战利品价值远远超过之前所有从美洲运往欧洲的财富总和。在由此而来的哈布斯堡王室与法国的争端中,法国国王弗朗西斯一世对本国海盗行径持明显的袒护态度。这次法国海盗的传奇经历以及由西班牙人或葡萄牙人从新世界带回神话般的宝藏的传闻在欧洲西北部的港口城市迅速传播。从一定程度上来说,弗罗莱仿佛一座灯塔,引领越来越多的海盗出现在大西洋。法国国王弗朗西斯一世勤奋地为海盗们颁发私掠许可证,因为其他国家也开始加入这一敛财活动。但冲在前面的仍是法国海盗,他们自16世纪中期起在加勒比地区的活动越来越猖獗。法国海盗甚至直接针对新世界的西班牙港口发动袭击,将这些港口点满了战火。

只要西班牙和葡萄牙坐拥大西洋海上霸权,西北欧洲的其他临海国家就会始终被排除在海上贸易及海运之外。但是,这种情况在16世纪中期开始改变。西班牙海上军事力量无法充分保护西班牙船只在加勒比海群岛以及大西洋中部的安全。1588年,西班牙无敌舰队败于英格兰之后,西班牙几乎无力抵抗海上私掠的袭击,尤其是在英国皇室支持下发展势头猛烈的英国海上私掠。英国海军对海上私掠许可证的颁发进行了简化:几乎任何人都可获得具有合法性的私掠许可证,如果有必要，也可以先劫掠后向国家申请。身兼商人和海盗双重身份的著名代表人物包括弗朗西斯·德雷克、约翰·霍金斯以及沃尔特·罗利。他们为英国海上力量从落后到称霸全球奠定了基础。英国皇室几乎对所有前往新西班牙（美洲）地区的海上私掠船都进行了经济资助，其他的投资来自贵族和中产阶级。他们共同形成了一个密切的网络，人们可以将这种风险投资形式视作现代早期合资企业的雏形。17世纪早期，法国人和英国人加入了荷兰成立的东印度公司。

然而，17世纪欧洲野心勃勃的海上列强们不但将私掠作为聚集财富的重要途径，甚至认为真正的海盗也属于政治和经济权力扩张的有效工具。中美洲出现了海盗社区，这个自认为是沿海兄弟会的组织由欧洲移民，主要是法国水手和移民组成，他们定居在一些难以进入的加勒比岛屿，如托尔图加。他们对西班牙殖民势力的仇恨使其成为极其受欢迎的反对西班牙霸权的力量。

在海上私掠和海盗的双重压力之下，西班牙通过与其他国家签订条约做出让步，伊比利亚在美洲的霸权随着时间推移逐渐减弱。英国、法国、荷兰在中南美洲和东南亚地区的势力兴起，因为他们可以在曾经属于西班牙的港口建立贸易中转站，作为殖民帝国的基础。这些海上霸权发展的同时也为1700年左右的海盗发展创造了条件，即1691年至1723年的海盗"黄金时代"。在这段时间内，欧洲列强基本完成了对海外新世界的开发和殖民占领，欧洲和殖民地之间的海上贸易迅速增加。与此同时，欧洲列强对霸权的争夺和势力的扩张也越发激烈。此外，由于经济上受到欧洲母国的限制，殖民地内部形成了越来越强烈的自我解放意识。在这种情况下，各方对海盗的利用逐步增强。

在北美独立战争和拿破仑战争期间，海上私掠和海盗经历了最后的辉煌，最终受到越来越多海运贸易国家的抵制。1815年之后，欧洲国家不再签发任何私掠许可证。1856年巴黎宣布不再对私掠和海盗进行区分，任何非战争形式的海上武装力量都是违法的，以附件追加的形式从法律上废止了私掠权限。但私掠行为并未终止，由于就军舰与其他船舰之间的根本区别未达成一致，美国未签署此协议。直到1907年，含美国在内的列强在海牙和会中达成共识，私掠许可证的历史才正式结束。然而，又经过五十多年之后，1962年的国际法才对公海上任何形式的海盗行为进行了法律约束。

第六章　导航技术：航海的艺术与手工艺

导航学是一门艺术，包含了航海史进程中许多的技术和科学，其中重要的几项是：天文学、制图学、地理学和数学。在航海中必须确定船舶的位置及其航向，必须考虑地理条件、水流和风的相关知识。此外，多年来积累的有关船舶特性的经验以及由此衍生出来的实际操作规则也起到了一定的作用。从这个意义上说，导航学就是艺术和手工艺两者的结合。

　　正确导航的首要前提是确定位置和方向。早期的水手们通过直接观察太阳的运转和行星的位置寻找他们的航线，此方法是人们在需要航行穿越远海时最早使用的方法。同时，数千年来人们大多都在海岸视野范围内航行，借助醒目的陆上标志、建筑物、入海口以及对动植物的解读来定位。直到中世纪后期，船员们都尽可能避免在浩瀚的远海上行驶，因为大风或风暴会导致航线偏离，通常只能凭借运气来再次找到正确的航线。然而，对于航行时间和速度及其相互配合的预估仍然极不准确。随着沙漏的发明以及威尼斯玻璃工匠对其的改进，13世纪以后人们才在海上航行中拥有相对可靠的时间测量工具。这也使得值班任务的平均划分得以实现。最晚到16世纪初，在船员中安排两名值更人员成为惯例，其中每名值更人员都需要值班4个小时以协调处理船上的各种事务，而另一名没有任务的值更人员则可以休息。

靠近海岸的航线对船舶来说也会造成致命打击——遇到浅滩或突然来临的风暴，船会被推到海滩或岩石上搁浅。所以船舶不能过于靠近海岸。人们可以使用测深锤作为辅助工具探测海底来确定船舶位置、水深和海底情况，并与经验数值进行比较。

自古希腊时期起，随着远洋贸易的扩张，海岸和航行记录也开始用于定位和导航。最古老的航行记录来自希罗多德。人们把这些书称为"周航记"（Peripli，单数：Periplus）——一个源于希腊语的名字。它们主要包含港口、锚地、入海口和陆上标志一览表以及这些地点之间的大概距离，还标记了危险海域。这些航海书只能在固定的船员范围内使用。正如在后来的时代中那样，拥有知识就意味着控制知识，不能让知识成为对手的竞争工具。知识的不断拓展为经验地理学提供了基础。公元前3世纪中期亚历山大的一位科学家埃拉托色尼使地理学进入第一次鼎盛时期，他搜集了当时的地理知识，并基于地球的球状第一次精确计算出地球的周长。埃拉托色尼的计算结果与现代（赤道）测量数值仅仅相差约500公里。

除了这种科学的经验地理学外，还有在不同时期中从一代船员传到下一代船员的各种习俗。这种口耳相传的航海知识传播方式主要对不识字的航海人群发挥了重要作用，例如南太平洋地区或北欧的情形。维京人在北大西洋航行时获得了惊人的导航能力，而这并没有借助任何书面航行记录或先进的技术辅助工具。当詹姆斯·库克于1769年抵达塔希提岛时，他惊讶地发现，波利尼西亚的船员可以在广阔的太平洋中很好地航行，就像他自己在自然科学知识和现代工具的支持下一样准确航行。维京人和波利尼西亚人都根据星象、太阳、海洋状况和其他自然现象来导航，海鸟的行为也可以帮助他们辨明方向。

古典希腊时期，天文地理学的实际应用首次在科学方法的基础上发展起来，这改善了航海定位情况并使有目的地控制定位成为可能。当然这些方法起初只对少数船员有实际作用，船员中的大多数都是文盲，并继续以经过考验的口头传述内容和自己的实践经验为依据进行导航。因为缺少该领域的书面记录，现在无法确定周航记及科学导航方法在当时航海中所使用的范围。

最晚自14世纪末以来，汉萨同盟地区的水手就一直按照流传的航海指南进行航行，这些航行指南被总结保存在一本15世纪的所谓海事书中。第一本刊印的航海手册《海图》（*De Kaert vander Zee*）于1532年在阿姆斯特丹出版。16世纪的航海手册不断发展且越来越准确，也有部分配备地图。长期以来，除了口头相传的航海经验以外，航海手册充当了北欧海域海员除测深锤外唯一的航海辅助工具。不过，人们在15世纪已经知道领航员这一辅助职务。1447年，汉萨同盟提出每艘船

第六章 导航技术：航海的艺术与手工艺

都必须配备领航员来确保船只驶向正确的港口。汉萨同盟地区开始使用指南针的时间存在争议，然而有迹象表明，在汉萨同盟时期之后，指南针才开始在北欧航路上广泛使用。

随着指南针的出现，船员们第一次拥有了一种可供他们使用的仪器，借助它可以相对可靠地确定并保持正确的航向。经证实，早在公元前1世纪中国就使用了一种磁针罗盘，大约在1世纪末这种罗盘由阿拉伯船员带到地中海区域。最初的罗盘非常原始，指针插过软木塞或一段芦苇，漂浮于水面，只能指向正南正北的航线。13世纪末期意大利航海家用指示方位的风向玫瑰图原理对其进行改进。根据意大利阿马尔菲地区的传说，在此时期用于船舶的磁针罗盘迈出了决定性的一步。且在大约同一时间，沙漏也开始应用于航海。14世纪时，不断发展的指南针在地中海区域的大型航海城市普遍投入使用，而在北欧仅有零星使用。北欧人直到16世纪都主要用测深锤来进行导航。在指南针的帮助下，威尼斯或热那亚的大型货船可以在黎凡特沿海地区设置直线航向，而无须根据海岸线定位。通过这种方式，每艘船舶在每个季节都可以进行两次航行并相应地实现利润增长。

随着航海大发现的各种远洋航行，指南针得到进一步改进。16世纪末期，船员们可以使用一种安装在木盒中的指南仪器，这种仪器配有玻璃盖，甚至配有一种万向架。在此期间人们通过哥伦布的报道，认识到了罗盘指针存在地磁偏角的问题，在长期航行中困扰船员的问题得到了解决。

地理大发现时代与先前其他时代不同，源源不断的地理新数据推动了导航和航海技术的发展，而这一时代最早在伊比利亚半岛王国拉开帷幕。达·伽马最重要的航海经历之一是发现了信风。他意识到，人们从大西洋出发可以更快地到达印度洋。当时他们从佛得角群岛出发，但未进入几内亚湾，而是借由东北信风向西航行，几乎到达巴西海岸（当然这点他并不知道），然后利用盛行西风继续朝南前进，并绕南非的南部海角地区航行。在印度洋上，达·伽马遇到了几个世纪以来阿拉伯和印度船员已知的季风现象。与信风不同，这些稳定吹拂的季风随季节有规律地变换方向：夏半年盛行西南季风，冬半年盛行东北季风。自古以来印度洋的航海季节以这些季风为准，次大陆的整个经济生活也主要依赖于季风所带来的降水。

当伊比利亚船员进入太平洋时，他们发现这里和大西洋一样有一个可靠的信风和季风系统。当时人们并没有找到有关这两个大洋风力系统的科学解释。事实上由于已有了亚里士多德的理论，人们并没有继续寻找这种解释，然而实践经验表明，当时亚里士多德关于地球自转引起空气运动、使风主要由西向东吹动的理论性解释已经不再成立。人们对于从这些风中获得的经验和收益感到满意。这主要是由英国和荷兰大型贸易公司完成的，它们从17世纪初起将其大型货船派遣到印度和东南亚群岛地区。

第六章 导航技术：航海的艺术与手工艺

随着时间的推移，大型洋流也被人们熟知并利用。与风一样，先前已适用的学说也被推翻了。特别是欧洲人首先了解的北大西洋和南大西洋的洋流体系与传统理论，主要是与亚里士多德的理论之间发生了矛盾。

15世纪下半叶，继阿拉伯人数世纪后，葡萄牙人发展了一套利用太阳和行星的天文导航系统。借助于摆锤环上的星盘和雅各布团队的六分仪前身，他们能够相当精确地测定纬度。当然测量海平线上方的恒星高度只能在平静的海面上或陆地上才能有效地进行。船摆动幅度越大，准确度就越低。1505年左右，杜阿尔特·佩雷拉在一本手册中总结了葡萄牙人全部的航行知识，这本手册已成为许多代水手的航海教科书。

大约二百五十年后英国人才成功做到精确计算纬度，在此之前人们还主要依赖指南针、洋流、风、海岸岩层以及天体位置，当然还依赖经验。地图，即所谓图解航海手册也提供了一定的帮助。从中世纪晚期起，人们将原始的常用航海书籍中有关于港口（拉丁语Portus）、陆上标志、浅滩和洋流情况的航海信息，与人们在动物皮或羊皮纸上绘画的地图相结合。从事远洋贸易的意大利城邦将地图进一步发展为海图，当然这些海图仅局限于地中海和黑海。这类波特兰型海图并不总是朝北，它的一个基本特征是，用不同颜色的直线画出一个网格，这些直线不仅从地图的中心，也从16个均匀分布在边线上的点（风玫瑰图）发散出来。网格借助指南针确定从港口出发的航线，地图显示了港口之间的罗盘方向和大概距离。这些地图可以很好地应用于地中海地区的导航，但由于潮汐变化和仍旧缺失的地理知识，地图在大西洋中只能作为参考谨慎使用，更加完善的航海地图知识在随后的大发现航行中才逐渐形成。船员们长期以来首先信任的是他们的航行书籍，地图只能作为辅助物使用。

航海知识在葡萄牙和西班牙被视作需要保密的政治科学，将其传给外国将被处以死刑。但是就像所有秘密一样，伊比利亚船员的航海知识很快就在欧洲蔓延开来。根据报道和记录，自16世纪起大西洋及其北部边缘海域和印度洋的海图精度越来越高。主要是荷兰人大力推进了制图技术的发展。这里特别值得一提的是卢卡斯·扬松·瓦赫纳尔于1592年出版的《航海明镜》以及让·哈伊根·范·林斯霍滕于1596年出版的著作《航海日记》(*Itinerario*)，林斯霍滕汇编了当时搜集的关于亚洲的知识，这大大增加了荷兰商人在东印度地区的利益。这部作品也涵盖了对航海路线、贸易习俗、地理以及亚洲人民的描述。瓦赫纳尔和林斯霍滕及其继承者在航海制图学方面制定了大约持续一百年的标准。17世纪末，荷兰的海图制作技术员约翰内斯·冯·库伦改进了大西洋海图和导航手册，这为接下来的几代船员提供了可靠的帮助。直到17世纪，法国人和英国人才开始认真地研究海图制作。在此之前，他们一直依赖荷兰出版的海图。与荷兰主要由出版社企业进行制图生产不同，英法两国政府部门委托各自的海军办事处完成此项工作。成立于1795年的英国皇家海军水文局很快就因能制作最精确的地图而闻名。在19世纪甚至直至现在，该局仍是其他国家建立海事测绘局和制图局的典范。在这些国家部门的帮助下，海洋研究获得了新的决定性的推动力，并向系统性运作的科学海洋学发展。

荷兰人使用北、南、东、西四个基本方向的名称。在此之前，人们主要使用各个盛行风的名称来说明方向（因此得名风玫瑰图），这些名称通常来自希腊神话。直到16世纪，人们仍在使用可追溯至亚里士多德时期的十二分的风玫瑰图。也有三十二分的风玫瑰图，但是这对船员没有帮助，反而容易使他们感到困惑。葡萄牙船员认为，荷兰人对风向的命名被普遍接受。19世纪，360度分区的罗经刻度盘，即指南针的引入标志着航海方向发展的完成。

从16世纪起，人们可以在天文仪器的帮助下根据太阳的位置相对准确地计算出纬度，但是经度的确定仍然是一个长期悬而未决的难题。因为没有准确的定位，船舶一再因为搁浅而失事。那时通常使用的测速技术，是借助末端系有浮体的、带有标记（打结）的长绳索来检测船舶的速度，这种技术太不精确，无法确定安全的行驶距离，因此，借助其他常见的天文仪器不可能完全准确地确定该船舶在大海上的位置。在地理大发现和殖民地占领时期，定位模糊的问题有时会导致人们不能再次找到曾在海外发现的岛屿或土地，且由于缺乏属地证据而很难推断其所有权。

1714年，英国议会颁布了《经度法案》，悬赏2万英镑来寻找能够在航行中的、摇晃的船上测量经度且误差能够缩小至12公里以内的实用方法，从而实现精确的地理定位。这也是对英国皇家海军因错误导航而遭受的重大灾难做出的回应。1707年，海军上将克劳戴丝勒·夏威尔率领舰队的大部分船只从大西洋返航时撞上锡利群岛，包括海军上将在内约1500名水手丧生。

对此，科学家、航海家和能工巧匠已经尝试了多种解决办法。无数人对这个问题的研究表示绝望甚至崩溃。长期以来，最有可能的方法似乎是数学家和天文学家借助对数、距离表和哈德利·戈弗雷八分仪等新型观测仪器有效地计算天体间的距离。然而经度问题的解决方案最终由英国钟表匠约翰·哈里森提出：18世纪中叶，哈里森构建了一个非常精密的航海计时器（彩图6）。这一方案是将经度测量的问题转移到时差测量问题上：如果知道船舶出发地的时间，并且能确定与该船舶当前所在地时间的关系，则可以计算经度。因为1小时相当于经度的15度，也就是说每1度经度相当于4分钟。几乎与此同时，测量航行时间的六分仪于1757年被发明出来，将六分仪与航海计时器相结合，人们便最终获得了可靠的测量经度的仪器（彩图7）。

哈里森的发明于1763年在伦敦公开发布，这帮助英国皇家学会发起一项重大的科学环球航行和探索计划。这其中尤其值得注意的是詹姆斯·库克的3次太平洋之旅。他借助哈里森的精密航海计时器取得了说明经度测定准确性的最终证据，——为英国王室献上了无数岛屿和澳大利亚这一太平洋新大陆的统治权。库克的第二次环球旅行（1772—1775）结束了经度测定方法的争论，证明了时间测定这一方法大大优于其他方法（例如计算月球与恒星的位置），而哈里森也从中获益。这些证据使越来越多的制表商试图改进哈里森的精密计时器。它在运转准确性方面虽然并非适用于所有人，但从另一方面来看，这种不断的努力是成功的，它使得时钟变得更小且更便宜。因此，在18世纪的最后几十年里，皇家海军的所有主力舰队都使用着哈里森发明的精密计时器。在这个问题上，人们在文献中发现了有根据的论点，这些精密计时器有助于英国在海洋上的统治地位，并为大英帝国的强大做出了重要贡献。即使在非英国籍的船只上，尤其是一些商船上，这种航海钟也是不可或缺的导航工具。今天，虽然它并没有失去使用价值，但基本上已被现代卫星定位（GPS）所取代。不过，尽管现在现代卫星定位已经被广泛应用，商业航运中的经典导航理论仍然是航海培训中必不可少的一部分。

第七章　欧洲大型海运贸易公司时代的航海全球化

西欧海上殖民扩张宣告着中世纪海上列强霸权的终结。威尼斯、热那亚、汉萨同盟被西北欧大西洋国家的西印度公司和东印度公司夺去了霸主地位。这同时也引发了海权关系的根本性转变，葡萄牙和西班牙的利益进一步被损害，他们无法在母国和海外殖民地之间航行，因而无法与西欧新的海上贸易力量相抗衡。大量的贵金属进口也导致西班牙和葡萄牙的生产力下降，造船业受到巨大影响。与此同时，西北欧的国家也处于不断发展之中。

从长远的发展角度来看，英国应该是最大的获益者，它逐渐崛起成为占主导地位的海洋国家。但这并不完全建立在16世纪和17世纪的大规模海上私掠活动上，也得益于组织和立法措施方面的利好。这些措施在1651年奥利弗·克伦威尔通过的《航海条例》中达到顶峰，根据利奥波德·冯·兰克的说法，这对英国和世界造成了最深远的影响。该项法规规定只有英国船舶，或者是船长及超过3/4的船员都是英国国籍的船舶，才能进行英国、美国、亚洲和非洲之间的海上贸易。此外，该项法规还规定进口欧洲的货物只能通过英国船只或者原产国船只运输。这一系列的规定在进行过部分的修改后，施行了近二百年的时间，它们主要针对迄今为止一直雄霸大多数跨洋海上贸易的荷兰中间商。两国之间进行了3次海战（1652—1654、1665—1667、1672—1674），虽然各自都取得过胜利，但最终结果还是奠定了英国海军统治的基础。在最后一场战争之后，伦敦代替了阿姆斯特丹世界贸易中心的角色，并持续了近二百五十年的时间。到17世纪末，英国商船运输每年增长约3%。所有的航海相关行业成为英国工人最大的雇主，同时海运成为英国资本主义发展的最初动力。

在伊丽莎白一世统治时期，神学家兼地理学家理查德·哈克路特曾在一些出版物中制定了国家海上目标，并成功吸引了政客和富商的兴趣。16世纪中叶，英国开始参与航海大发现之旅。随着诸如德雷克、霍金斯和罗利等海盗的袭击，海事问题才逐渐开始受到普遍关注。起初，英国的航运利益主要集中在通往美国和非洲的西方贸易航线上。一些富有冒险精神的商人逐渐开始参与美国黑奴贸易，进一步损害了西班牙和葡萄牙对跨大西洋海运贸易的垄断利益。但最后双方因为他们共同的对手汉萨同盟而开始了合作。在多年的对抗过程中，英国航海商人说服伊丽莎白女王逐步取消汉萨同盟的特权。1598年，汉萨同盟的最后一座堡垒，即伦敦的商栈——英格兰汉萨贸易近四百年的中心也终于失守。最终，汉萨同盟的商人不得不彻底离开这个国家。从航海史的角度来看，这场争端尤为重要的结果是，英国人在16世纪50年代终于开辟了一条通往欧洲北海和白海的新航线，得以进入波罗的海和俄罗斯市场。绕过传统的波罗的海航线，英国水手现在可以从北部前往俄罗斯。新的港口城市阿尔汉格尔斯克（Archangelsk）成为莫斯科公国的主要出口港口。作为与阿尔汉格尔斯克往来的贸易特权公司，莫斯科公司（Muscovy Company）试图在白海之外开辟通往亚洲的东北通道，但由于气候条件问题，计划很快就被搁置。

荷兰水手在北冰洋也没有找到通往亚洲的通道。威廉·巴伦支自1594年起对北角、斯瓦尔巴群岛和西伯利亚之间的北冰洋进行了长达三年的探索，并成为第一批到达新地岛的欧洲人，他不得不与他的船员在那里熬过了船只被冰封的1596年至1597年。直到1597年6月，这艘船仍然被冰封着，探险队决定冒险乘坐两艘橡皮艇前往科拉半岛，两周后两艘小艇在一艘荷兰商船上相遇。然而，巴伦支由于体力不支最终遇难。为了纪念他，这片海域以他的名字命名。

荷兰人和英国人都在北极地区开始了探索。17世纪早期，由于在那里发现了大型鲸鱼沉积物，两国都开始了大规模的捕鲸活动。来自荷兰和英格兰的几家捕鲸公司，以及之后来自丹麦和汉堡的捕鲸公司，每年都会派特别装备的渔船驶向北极地区。荷兰捕鲸者在鼎盛时期达到了200人左右的规模。卑尔根（斯瓦尔巴群岛）成为鲸鱼加工业的中心，这个群岛周围的水域甚至被称为"北部金矿"（彩图8）。据估计，仅在1800年前就已经有约11万头弓头鲸在这里被捕杀。17世纪中期在格陵兰岛和加拿大之间的戴维斯海峡（Straat Davis）也开始了大规模的鲸鱼和海豹捕杀经营活动。

对西北航道的探索并未像在欧洲北海一样顺利。探险队员们付出了相当大的努力，但最终依然没有到达他们的目的地。第一位在这里追求财富的海员是一个叫乔瓦尼·卡博特的人，他在1496至1497年受英国国王亨利七世之托开始了海上探险。除了维京人，他是第一个到达纽芬兰和拉布拉多半岛的欧洲人，和哥伦布一样，他认为这里是东亚的近海岛屿。在1498年的另一次探索之旅中，卡博特不幸失踪。在卡博特之后，其他受英国或法国国王之托的水手纷纷开始了对北美东海岸水域的探索。著名的水手包括卡博特的儿子塞巴斯蒂安和雅克·卡蒂亚、乔瓦尼·达·韦拉扎诺、马丁·弗罗比舍、亨利·哈德逊等。

尽管以上这些英国和法国水手与其他所有人一样未能寻找到西北航道，但他们探索并绘制了加拿大及大西洋地图，导致之后各国争相宣布对该地域的所有权。此外，许多航道的名称也证明了个人探险家的重要性。然而，在亨利·哈德逊于17世纪前十年的旅程之后，欧洲人对西北航道的狂热逐渐衰退，直到二百年后这股热潮才重新席卷而来。真正的一蹶不振发生在1845年英国人约翰·富兰克林远征之旅受挫之后。真正意义上的第一个从东到西的海上通道是1903年至1906年由挪威人罗尔德·阿蒙森建立的。对东北通道的探索也在19世纪恢复。1878年至1879年，瑞典人尼尔斯·诺登斯科尔德率先从巴伦支海跨越北冰洋到达了白令海。

从16世纪末到工业革命的开始，海上关系发生了革命性的变化，欧洲主要海运公司主宰了全球海运命脉。这些公司中规模及实力最强大的是那些前往印度和东南亚的公司。它们不再以中世纪贸易公司的方式组织起来，而是像现代上市公司一样运作。通过发行股票获取现金，这些公司开辟了几乎取之不尽，用之不竭的融资渠道。其中的巨头是荷兰东印度公司（VOC）。

在多家领先企业率先发现印度和东亚贸易的巨大商机之后，1602年3月几家荷兰贸易公司组成了联盟，以消除彼此之间的竞争，并且增加亚洲贸易的竞争力。荷兰贸易公司的联盟最后形成了荷兰东印度公司。它不仅借由尼德兰联省共和国提供的关卡税之便得到了从好望角到麦哲伦海峡的航运和贸易的垄断权，甚至获得了对从好望角到麦哲伦海峡的主权许可。主权包括颁布海盗法，宣布战争的权力，在海域建立堡垒和工厂，以及与当地王侯缔结国际条约的权力。任何离开荷兰进入亚洲并且不属于荷兰东印度公司的船舶都有可能遭到抢劫。

到17世纪中叶，荷兰东印度公司不仅占据了印度的大部分原本属于葡萄牙的财产，并且征服了整个马来西亚—印度尼西亚群岛，并以此垄断了有巨大利润的欧洲香料贸易。早在1623年，荷兰就在它的20个亚洲中转站中装备了90艘全副武装的船舶，以及约2000名驻扎在各地的军人。1652年，荷兰东印度公司在好望角建立了一个供应站，位于开普敦，后来成为荷兰在南非统治的核心和荷兰的欧亚海上贸易中心。荷兰东印度公司的船舶在开普敦进行中转，开往印度、东南亚，或者经由开普敦回到荷兰。荷兰东印度公司甚至在亚洲内部的海上贸易中也占有一席之地，并逐渐发展成为垄断公司。它从中国、日本和印度之间的海上贸易中获得了相当可观的利润。

除了自16世纪后期在制图方面取得的进展以外，荷兰人在造船方面也有所创新。这也成就了荷兰在所谓小型航运，即在欧洲边缘海域的航运以及大型跨洋航运中的统治地位。荷兰造船商在1600年左右开发了一种新型船舶：福禄特帆船（Fluyt）。该船型完全适应灵活货运的需求，为荷兰迅速崛起成为主要海上贸易国创造了重要条件。一百多年来，这种货船的外形被视作完美的船舶类型，被欧洲所有的海运国家所效仿。该船船体厚重，横截面几乎呈圆形，但水线以上的船体逐渐收窄，形成了相对较窄的露天甲板。船艉突出水面的高度远远高于船头，船艉横梁上部的船楼陡然升起，但又和船体完美地融合成一体，远远优于卡拉维尔船或者盖伦帆船上的船楼。船艉和船头本身在水线处是圆的。尽管如此，福禄特帆船还是给人一种狭窄纤细的印象，因为它的长度是其宽度的5倍至6倍。在此之前，常规船舶的长宽比一般约为3:1或4:1，如此一来，船体更为轻便。尽管载重能力很强，但福禄特帆船吃水很浅，因此可以湾泊浅水港。并且它的桅杆相对于船长来说高于以前的所有船只。

福禄特帆船的出现意味着造船业的一场革命，不仅是因为造船工艺本身，还因为它的制造商。至少在荷兰，福禄特帆船的制造很大程度上达到了标准化和分工的要求，也使快速和低成本的生产以及批量生产成为可能。船舶对荷兰人来说就像是日常消耗品，在荷兰出现了具有相当规模的造船厂。17世纪，大约有100家荷兰造船厂负责生产整个欧洲需要的船只。与此同时，荷兰共有大约15000艘不同规模的船舶，占世界贸易总吨数的一半左右。北欧和南欧之间的海上贸易几乎完全掌握在荷兰人手中。而曾经是汉萨同盟领地的波罗的海商业航运现在已经被荷兰船舶夺取了75%的份额。

和福禄特帆船同时期产生的还有荷兰东印度公司的东印度商船——皮纳斯帆船（Pinassschiff）（彩图9）。它的不同之处在于，船体形状更扁平，露天甲板更宽敞，横梁船尾更光滑。皮纳斯帆船甚至还为17世纪和18世纪的军舰建造（护卫舰或战列舰）提供了基本模型。这种荷兰东印度公司的东印度商船的装载能力高达1000吨。福禄特和皮纳斯两种船舶的共同特点是它们都是三桅船，即首桅和主桅装有两三个梯形方帆，尾桅装备三角帆。两种船都具有良好的航海性能。由于操纵起来非常简单，也不需要太多船员，用作货船载货量更大，用作战舰装载士兵更多。

第七章 欧洲大型海运贸易公司时代的航海全球化

为了能够在印度洋通往东亚的航行过程中充分利用西南季风，这些船只必须在9月至次年4月离开欧洲。在此期间通常有多达20艘船的商船队离开阿姆斯特丹。在大西洋，它们利用葡萄牙的航线，从马德拉岛、加那利群岛和佛得角群岛经过，然后利用巴西海岸的冬季风进入南大西洋西风系统到达非洲南端和印度洋。在马达加斯加的海上，3月到10月的航行可以利用不停歇的西南季风，从印度一直驶到马六甲海峡。约从1610年起，荷兰东印度公司的船只利用印度洋上所谓咆哮西风带（即在纬度40度至50度之间不断刮起的西风）与南极洋流，使船舶更快地到达东南亚。但是，水手们必须小心，及时地在澳大利亚西海岸向北转变航向。澳大利亚西海岸的一些沉船（沉船海岸）为当时不准确的经度测定技术提供了佐证。截至1617年，所有荷兰东印度公司的船只必须在驶向印度尼西亚群岛时通过咆哮西风带航线，因为这使船只驶向东亚几乎不受限于季风。

1619年，荷兰建立了巴达维亚（即雅加达）中转站，成为其东亚贸易帝国的首都和中心。这里是荷兰东印度公司最高权力机构和东印度理事会总督所在地。以巴达维亚为起点，荷兰东印度公司参与了东亚地区海运和商业活动的数世纪的博弈。在征服马六甲之后，荷兰东印度公司控制了印度洋和太平洋之间的两条航线：巽他海峡和马六甲海峡。

在荷兰东印度公司的鼎盛时期，船只储备达到了300艘左右。公司对船员有着巨大的需求量，它们在几乎整个欧洲招募船员，其中德国籍船员最受青睐。成千上万的年轻人，其中大部分来自德国北部，尤其是弗里斯兰的年轻人，纷纷就职于荷兰东印度公司。巴达维亚航线平均用时两到四年，而水手们的死亡率则高达50%。糟糕的卫生条件让成群的船员只能挤在甲板上与害虫相伴，营养不良造成的坏血病和港口里的各种热带疾病也是夺去船员生命的一大原因。除此之外还有其他早期现代航海的未知危险，其中最常见的是船只倾覆和海盗袭击。大部分海盗潜伏在非洲以外的海域，大多数劫掠都发生在英吉利海峡或苏格兰海岸附近的岛屿上。

一艘驶向印度的远洋船舶对于水手们来说堪称地狱，这不仅是因为上述存在的各种危险。在长达几个月的时间里，水手们被禁锢于船上的密闭空间，彼此之间经常爆发冲突，并常以谋杀或误杀而结束矛盾。船上的阴谋、盗窃和派系之争也很常见。对于一些心理承受能力较差的人来说，这是一个几乎无法忍受的世界。船只的指挥官、船长和军官拥有至高无上的权力，这一点几乎无法改变。严厉的惩罚措施本意是要压制各种暴动，却经常会引起一些其他的混乱。

所有这些情况也存在于其他东印度公司的船只。由于这些公司都在扩张，而船员的数量有限，因此，只要有可能，人们就会试图通过所有可能的方式——许诺甚至武力——来获得属于竞争对手公司的船员。即使这样也无法弥补船员的持续短缺，越来越多的人被带到船上，他们最初来自印度—亚洲地区，之后也有来自非洲的船员。17世纪末期，东印度公司的船员往往由不同种族和拥有不同宗教信仰的群体组成，只有船长和少数海员是欧洲人。

从股东的角度来看，东印度公司船只上最重要的人就是所谓货运监督：在港口时由货主委托的全权查核员。他代表着股东们的经济利益，必须确保货物安全抵达目的地。必要时，他还得确保货物在目的港售出，并确保回程的货物有利可图。货运监督是一个有权势的人，在出发时已经非常富有，当船安全返回时则变得更富有。他的经验和商业头脑对航行的商业成功至关重要。这就是为什么除了航海事务之外，他的重要性比船长更胜一筹的原因。

虽然荷兰东印度公司的颓势在18世纪中期才开始变得无法挽回，但如果没有政府的资金注入，荷兰东印度公司早在18世纪初期就可能已经不复存在了。其衰落不仅是由于欧洲与东亚的距离问题，欧洲本土无法及时控制远在天边的东印度公司，因此无法对变化的市场情况做出足够迅速的反应；也是由于欧亚海上贸易的发展（资本主义自由贸易，而不是重商主义的干预经济）和第四次英荷海上战争（1780—1784）对荷兰东印度公司的结构性发展产生了不利影响。在此期间，荷兰皇家海军叫停了亚洲和荷兰之间的航运交通，其中很大一部分是荷兰东印度公司的船队，这也导致了荷兰东印度公司的颓败。

来自英国的竞争对手在发展进程中和荷兰东印度公司有很大的相似性，随着时间的推移，英国对海洋和殖民政治的兴趣也与日俱增。16世纪末，英国水手们为了获得东南亚的珍宝，越来越多地将重心转移到由伊比利亚人开辟的航线上，该航线在此之前主要由荷兰人掌控。

1600年，英国女王伊丽莎白一世赋予约200名贵族和商人印度和东亚的贸易垄断权，也就是英国东印度公司的起源。英国东印度公司的成立比荷兰东印度公司早了两年，并很快适应了这个强大的竞争对手。在其他方面，英国东印度公司也效仿荷兰，袭击葡萄牙船只和贸易基地——这不仅仅是为了获得宝贵的香料，它还要掌握地图和日志，以便进一步了解陌生水域。

然而，与荷兰东印度公司不同的是，尽管英国东印度公司最初在马来群岛投入了几乎所有的航海资源，却仍然无法在东南亚站稳脚跟，建立稳定的海上贸易网络。重要原因之一是荷兰拼尽全力，不惜使用武力阻挠。这片水域最终被英国东印度公司抛弃，将其资源转移到印度次大陆上。尽管没有荷兰东印度公司的主权权力，英国东印度公司仍然表现得好像是英国皇室的委托代表一样。在不惜使用军事威胁和武力的情况下，英国东印度公司首先获得了印度统治者赋予的贸易特权，然后是基地，最后是政治影响力。印度统治阶层的分歧也使英国东印度公司大大受益,为英国在印度的殖民统治奠定了基础。

日益增长的海上竞争力使处于阿拉伯海和印度洋的英国东印度公司一直与葡萄牙人针锋相对,因为葡萄牙人长期以来一直统治着印度附近的水域。但1613年在苏拉特海域的葡萄牙船队遭受了来自英国东印度公司的小型联盟的重创,至此葡萄牙就失去了统治地位。面对荷兰东印度公司的威胁,英国人从17世纪下半叶开始逐渐联合起来,并最终在东亚海域站稳脚跟,而荷兰东印度公司也终于将印度次大陆的主导地位让位于英国东印度公司。在其他地区,如阿拉伯半岛和波斯湾,两家公司互相避让,或者和谐相处,如同在中国海域一样。

与荷兰东印度公司不同,英国东印度公司未能维持其在英格兰的贸易垄断地位,以对抗公司之外的当地其他商人和船东。当东印度公司在印度站稳脚跟,在伦敦和印度洋之间建立起海上贸易网络后,公司之外的那些"外来者"船东也将自己的船只派往印度,并且成为英国东印度公司棘手的竞争者。1694年,当"外来者"成立自己的东印度公司时,王室进行了干预,并迫使两个竞争对手于1709年合并。这个新成立的东印度公司被赋予了更大的自主权。重组后公司资本流入大幅增加,为东印度公司在18世纪的持续扩张创造了财务条件。

1600年英国东印度公司成立,最初几十年它并没有自己的造船厂,而是购买或租用船只,其中的大部分来自荷兰。在17世纪的英荷海战中,英国才终于为东印度公司建造了专门的码头。伦敦附近的泰晤士河下游也因此建了一个码头，在长达几个世纪的时间内为这个地区赋予了不一样的景观。而英国东印度公司的船只，也是以荷兰造船技术和皮纳斯帆船为基础的，他们把这些仿造的庞然巨物称为"印度人"（彩图10）。不过"印度人"的甲板线比荷兰东印度船更直，船艉楼几乎也不见踪迹。在对商船的使用规划中也可以看到两家的明显区别，通过将大部分船舶租给股东，就可以将大部分的资金投资于实际的贸易，仅一小部分与船舶的维护和保险挂钩。

插图6　法国东印度公司1719年以后使用的盾徽

英国东印度公司的船舶从伦敦驶入航道，沿着与葡萄牙和荷兰相同的航线，穿过大西洋，进入印度洋，最终抵达印度次大陆西岸和东岸的商业基地。为了预备与竞争对手产生摩擦，他们全副武装，也如荷兰东印度公司一样，为船舶配备了大炮。这就是为什么这两家大公司的东印度商船都是战船与货船的合体，同时也是客船——通往殖民地的客源也很充足。到18世纪下半叶，英国东印度公司拥有约10万吨的总吨位。当时英国东印度公司已经逐渐转变为印度次大陆上英国殖民统治的机构之一，但是最终还是解散成为海上贸易公司。

除了造船和航海方面的进步之外，两家大型东印度公司的海运历史意义也体现于它们通过其组织和体制的创新，合理地发展了跨洋长途贸易，并且以冒险和出其不意的方式不断刷新自己的世界声誉。通过荷兰和英国东印度公司，亚洲和欧洲市场之间始终保持着联系，实现了超前于纯粹的经济、文化和政治联系的前工业全球化。尽管它们的特权是基于自己国家垄断的海上贸易，但荷兰和英国的东印度公司同时也是国际公司，它们从欧亚长途贸易中获得了难以置信的利润，从而创造了欧洲资本主义发展的肥沃土壤。虽然大部分资金都是来自国内的股东投资，但公司也对外部资本开放。特别是荷兰东印度公司从德国投资商那里得到了相当可观的资本。18世纪荷兰东印度公司一再陷入经济困境，外资对它们的作用越来越不可忽视。

对一些出现时间很短的其他欧洲海运公司来说，荷兰和英国东印度公司在组织和资金运作方面都是业界楷模。法属东印度公司曾在短时间内取得过一些成功。来自迪耶普、鲁昂和圣马洛的海员主要参加了针对伊比利亚国家的海盗活动，他们在1600年以后越来越多地转移到印度洋，尤其是圣劳伦特岛（马达加斯加岛）的东海岸，与当地人交易一些抢来的战利品。然而，由于气候条件的关系，法属东印度公司想在这里建立固定交易站的一次次努力最终付诸东流。尽管如此，法国殖民地主权仍然从这些地方开始扩张。在17世纪的最后几十年里，法国人越来越把注意力集中在了马斯卡尼群岛、留尼汪岛和毛里求斯这些气候适宜的地区，以便参与印度贸易。法国财政部长兼法国殖民政策提出者让-巴蒂斯特·科尔伯特为此设立的法属东印度公司设法在印度建立了一个便于管理的稳定的贸易基础体系。考虑到法国不太高的起点，这当然可以说是成功的。为了说明当时法国在海事领域的地位，应该指出的是，当法国东印度公司于1664年成立时，法国拥有的所有尺寸的船只约为2500艘，而同时期的荷兰拥有18000艘。在众多东印度公司中，荷兰和英国东印度公司的领先地位表现得更为明显。在造船方面，法国不仅在数量上显著落后，在学习如何建造大型远洋船只之前，法国还必须在荷兰或英国购买大型远洋船。法国也没有像阿姆斯特丹或伦敦这样的港口作为驶向东印度群岛的自然起点。因此科尔伯特要建立一个完全服务于东亚贸易的新港口城市：法国西北部布列塔尼大区摩尔比昂省的首府洛里昂（L'Orient）。

法国东印度公司仿效荷兰东印度公司的组织结构，不同的是，法国东印度公司永远找不到足够的商业资本，因此一再陷入财务困境，最终法国政府成为主要股东，不得不以国家财政为代价多次干预挽救，使公司免于破产。由于17世纪末和18世纪的法国战争，法国东印度公司的船舶和东印度商人定居点遭受了英国和荷兰人的劫掠和袭击。1770年，法国东印度公司被清算。随后法国新成立的东印度公司或亚洲公司从航海史角度来看更是毫无意义，但它们帮助法国保留了在印度洋以及"印度支那"的殖民利益。

荷兰东印度公司和英国东印度公司取得的商业成功也促使其他欧洲国家纷纷效仿这两种成功的模式成立东印度公司，却没有取得相应的成功。考虑到不同的国情，各国的模式可能会有所不同，例如，丹麦的海运贸易公司。1616年至1840年，先后有3家丹麦公司享有亚洲贸易皇家特权。最终丹麦东印度公司（Dansk Østindisk Kompagni）用了两年的时间，成为第一家拥有足够资金配备一艘船而前往亚洲的公司。在第一次航程中，丹麦东印度公司就成功占有了位于印度东南部科罗曼德海岸的特兰奎巴（Tranquebar）的一个中转站，这里成为两百年间丹麦参与东亚贸易的据点。然而，这种喜人的发展势头与实际船舶数量形成了鲜明的对比：除了每年至多两艘丹麦公司的船在那里航行之外，几年间几乎没有丹麦的船去过特兰奎巴。丹麦在孟加拉邦（Bengalen）其他两个较小据点的活动情况也类似于此。

18世纪，丹麦船主和贸易公司从欧洲列强的殖民海上斗争中获益，远离战争：在中立的旗帜下，丹麦为交战双方提供有利的货运服务。这不仅涉及东亚的航运，还涉及欧洲与大西洋海域之间的航行。多年之后，丹麦商船队总吨位从30000吨增加到75000吨，成为欧洲最大的船队之一。特别是在1756年至1763年的七年战争和1775年至1783年的北美独立战争期间，大部分欧洲海外贸易都是由丹麦处理的，因此航运业成为丹麦最重要的国家经济要素。这非常有利于哥本哈根成为波罗的海地区最重要的港口城市以及北欧殖民地商品市场的中心。

除了这些以印度—亚洲地区为重点的航海贸易公司之外，欧洲还同时成立了国家特权公司，这些公司主要经营欧洲与西非及美国的航海路线。公司名称不尽相同，例如几内亚公司、非洲公司或西印度公司，但基本都对同一种"商品"感兴趣——非洲奴隶。当然，其他商品也在兴趣范围之内，这从"象牙海岸""黄金海岸"这些欧洲人取的名字中就能看出。18世纪的几内亚湾，许多欧洲贸易分公司如雨后春笋般涌现。来到这里的大多数船主希望向西印度群岛、巴西或北美洲南部的欧洲人种植园转卖奴隶。由于种植园对劳动力需求的不断增长，这个生意非常有利可图——即便奴隶的死亡率是非常高的。

葡萄牙的非洲奴隶贸易始于16世纪，最初供应给新西班牙殖民地和葡萄牙巴西殖民地。葡萄牙对非洲奴隶贸易的垄断持续了很长一段时间，而西班牙船只必须按照1494年签署的《托尔德西里亚斯协议》远离非洲水域。直到17世纪，其他欧洲国家才开始在非洲立足。16世纪60年代，首位尝试打开奴隶贸易大门的英国航海家被各种阻挠。当法国、英国、荷兰在美洲获得殖民地之后，奴隶贸易才变得畅通无阻。

紧随英国人之后尝试打破奴隶贸易垄断的还有荷兰人。随着葡萄牙在东印度群岛贸易垄断地位的动摇，许多海上冒险家（海盗）打开了不再受葡萄牙控制的非洲—西印度洋的海上贸易大门，随后还商讨组建特权公司来消除竞争对手并实现利润最大化。

1621年，肩负特殊任务——对抗西班牙海上劫持和发展非洲贸易（即奴隶贸易）的荷兰西印度公司在阿姆斯特丹成立。此外，荷兰西印度公司还负责围剿加勒比海盗。在1674年第一次重组结束时，荷兰西印度公司的船长们带来了约500艘西班牙船。1674年，实施新政策和重组后的荷兰西印度公司将重心完全集中在奴隶贸易上。1674年至1740年，该公司在几内亚和西印度群岛的基地之间总共投入了383艘特殊装备的奴隶船。与此同时，英国人于1671年蓄意针对荷兰西印度公司而成立了西非和西印度群岛的海上贸易公司——皇家非洲公司，该公司成功进入了有利可图的大西洋奴隶贸易市场并成为最大的奴隶贸易公司。

据详细数据统计,历史学家迄今为止发现的涉及奴隶贸易的国家运营了约28000艘船舶,1200万非洲人口中的约2/3被带往美洲(其中的一半出生在18世纪),荷兰人和英国人当然占据着奴隶贸易的统治地位。但事实上,欧洲所有的航海国家都或多或少地参与了世界历史上最大规模的海上运输,甚至像勃兰登堡选侯国(Kurbrandenburg)这样贫穷的国家。

第八章 19世纪造船技术和航海组织的发展

由于航海科学技术的不断进步，17世纪的海洋已经完全被欧洲航海家占领，越洋贸易的总额经历了前所未有的增长。荷兰独自掌控大约1/3的世界贸易船队。直到18世纪，其他欧洲国家的商船数量增长，英国的商船数量仅次于荷兰，但也从未接近1/3如此高的比例。当荷兰人在东南亚建立他们的贸易帝国时，印度尼西亚群岛以南的水域，即整个南太平洋，尚且是一大片无名海域——这里也是航海地图上的空白。虽然一些西班牙船只已经在16世纪到过所罗门群岛，但很快就被遗忘了。后来一位荷兰航海家受荷兰东印度公司所托着手探索南太平洋。值得一提的是1642年至1643年亚伯·塔斯曼率先进行的发现之旅发现了塔斯马尼亚岛（Tasmanien）和新西兰南岛（Neuseeland）。塔斯曼甚至在抵达新几内亚之前到达了汤加群岛和斐济群岛，然后沿着澳大利亚北部海岸返回巴达维亚。塔斯曼是首位在澳大利亚附近航行的欧洲人——但当时他并未意识到这一点。之后的航海家才较为准确地绘制了这片大陆海岸线的地图：1770年詹姆斯·库克绘制了澳大利亚东海岸的地图；1801年至1803年马修·弗林德斯绘制了澳大利亚南海岸地图，同时重新绘制了东海岸和北海岸的地图，他是当时第一位围绕澳大利亚大陆进行探险航行的航海家。弗林德斯不仅将新大陆命名为澳大利亚,还发明了弥补指南针指针偏差的方法,为导航技术的改进做出了巨大贡献。

对于探索太平洋来说,1768年至1779年詹姆斯·库克的3次航行极为重要。第一次航行(1768—1771)中,库克在南太平洋的合恩角附近探索并记录了岛上的世界。他发现新西兰由两个大岛组成,并发现了两岛之间的通道,将其命名为库克海峡。在库克的"奋进"号上有许多植物学家和天文学家,他们代表皇家学会执行大规模的科学计划。就这点而言,库克的这次航行是世界上第一次以科学为主导的跨洋航行,但是库克从海军部门获得的秘密任务表明,他的航行无关于科学。这一任务首先是探索并绘制新几内亚和澳大利亚之间的岛屿世界中的新航线,这些航线被荷兰人、尤其是西班牙人严格保密。库克的特殊成就还包括探索大堡礁并找到从太平洋到印度洋(阿拉弗拉)的通道,即所谓托雷斯海峡。由于无数岛屿、珊瑚礁和浅滩,船只通过这个狭窄的通道极其困难,到19世纪末时这一航段仍然非常危险,所有的海运保险公司都不对经过这条海峡的航线进行担保。

英国人多年来在南太平洋地区不断扩张,与法国人争夺殖民地控制权。1763年法国战败后,被英国夺去在北美洲和印度的殖民地,这一刺激使得法国在殖民地争夺方面的野心达到了顶峰。1766年,法国航海家布干维尔受命探索南太平洋。1769年航行结束——布干维尔成为首位完成环球航行的法国人。在环游世界的过程中，他重新发现了所罗门群岛和新赫布里底群岛海域的一些岛屿。然而，与库克的使命相比，布干维尔的航行收效甚微，即便他为法国收回了塔希提。布干维尔的主要海事成就之一是准确绘制了麦哲伦海峡航线图。

布干维尔的竞争对手库克又继续进行了两次科学航行，在南北延伸线上穿越了整个太平洋。在第二次航行中，库克除了进一步探索南太平洋岛屿世界之外，还成功证明了除澳大利亚之外不存在任何南方国家，而当时的地理学家声称是存在南方国家的。库克在南极圈及南极周围地区之间反复沿着浮冰航行，在此之前没有航海家到过比这里更往南的地方。1779年，库克的第三次航行结束于夏威夷，他在与岛民的致命混战中不幸遇难。这次航行带来了对北太平洋、白令海及库克发现的三明治群岛（夏威夷）的新认识。

库克的发现——新西兰和澳大利亚以及南太平洋的一些岛屿——不仅是各种科学和地理知识的结果，同时也代表着英国王室在暴力殖民方面取得的具有历史意义的重大成果。库克成功地掌握了使水手免遭坏血病祸害的新方法。由于食用了柠檬和酸菜，他的船员在航行期间没有一人死于这种维生素C缺乏症。为了预防坏血病，1795年英国海军命令船只携带柠檬汁（青柠汁）让海员们定期饮用，并通过添加白兰地使其变得更加可口。

随着库克的研究考察，世界海洋航海图上除北极水域之外

第八章 19世纪造船技术和航海组织的发展

的最后一个未知区域也被消除了。与此同时，现代科学方法被引入当时的航海中。准确的航海图和新仪器使导航和航行得以显著改善。库克船长在旅行中绘制的地图直到19世纪还在被英国海军使用。库克时代是英国航运的鼎盛时期，单凭数字就证明了这一点：商船队在不到一百年的时间里已经增长了10倍，总吨位达200万吨，远远超过所有其他国家，包括曾经占统治地位的荷兰。

库克时代的航海业还发生了其他变化，涉及造船业和航运组织。随着欧洲人不断地接触美洲和亚洲，对船舶和船员的需求稳步增加。同一艘船每年在欧洲和中美洲或者北美洲之间最多往返两次。面对欧洲到东亚的难以想象的遥远距离，一艘帆船在有利条件下通常需要一年半到两年的航行时间，这种长时间的旅程并不少见，因此需要足够的存储空间为船员提供适当的供给。但最重要的是，对船舶货运能力的要求增加了。随着全球海上贸易的迅速发展，运输货物的数量增加了很多倍。

帆船是昂贵的交通工具。对于那些想要进行航海的人来说，要仔细考虑船只在某些方面的用途。因此，商船的体量不仅取决于施工可行性，还取决于出资者的需求和风险考虑。中世纪商人和船主运输的货物主要是奢侈品，他们更倾向于体形较小的船舶，而大宗商品贸易则要求较大的船型。除了建造船舶的资金外，还必须考虑其维修费用和船员的费用。以上因素以及海上贸易的整合都导致了多种类型船只的出现。它们不仅在尺寸上有所不同，最重要的是船体结构、帆装、索具等的类型也各有不同。

18世纪造船业的发展更多的是对已有船型的进一步发展和改进，而不是革命性的创新。英国人接替荷兰人成为造船艺术的引领者。英国人设计的三桅快速战舰（Fregatte）成为高船中占统治地位的类型。这种船只甲板几乎是水平的，不再像17世纪的福禄特帆船和皮纳斯帆船一样同船艉垂直。三桅快速战舰的体形更为庞大，并且船体更长更瘦（彩图11）。18世纪造船业的一个首创性的特点是按规划造船，而不是像以前一样根据造船商的实际经验造船。造船艺术成为一门科学。

在远程航海中出现了许多不同类型、不同大小和不同航行里程数的商船，人们根据它们的特征配合相应的航行任务。此处值得一提的首先是三桅（或多桅）帆船（Bark）、双桅横帆船（Brigg）、多桅帆船（Schoner）和加里奥特桨帆船（Galiot）。加里奥特桨帆船变体于平底船，是许多欧洲海域（尤其是近海区域）用以运输货物的常用工具。对于大宗货物的远距离运输来说，在吃水线以下拥有宽阔船身的三桅或多桅帆船更为适合，人们也可以借助不同帆装对船舶进行装备以适应不同需求。相比之下，紧急的普通货物主要用速度快的双桅帆船或双桅横帆船运输。双桅横帆船源自西北欧的造船传统，而多桅帆船则是北美造船艺术的产物，起源于所谓巴尔的摩飞剪船（Klipper），其在北美革命战争时期被称作"封锁粉碎机"。然而，这些巴

第八章 19世纪造船技术和航海组织的发展

尔的摩飞剪船与19世纪著名的美国飞剪船毫不相关。

航海组织发展方面,随着重要垄断贸易公司的衰落,其他形式的组织获得了越来越重要的地位。在国家组织的航运之外,私营航运公司建立了自己的航运网络,起初仍然主要是所谓合作航运公司,其起源基本可追溯至中世纪。此种形式的公司一方面可筹集资本,另一方面则可分散风险。船主或船长从利益相关方(个人或机构)获得购买船舶和设备的资金,航行结束时,这些投资者根据他们的资金比例获得利润。如果没有利润甚至船舶和货物丢失,所有相关方都必须承担损失。在一些航运地区,航运公司各方拥有密切的亲属关系,例如法国的所谓"家庭式公司"。

自18世纪中叶以来,帆船技术的革新使得船只不再依赖风向和洋流航行,而能够独立设定航向。欧洲和北美之间航运的发展导致了北大西洋航运的密集化,使英国海运企业家受益。美国独立后,随之而来的是打破英国对北美地区的海上贸易垄断(航海法案),一股真正的热潮现身于跨大西洋运输中,且一直持续到拿破仑战争时期。

除了大型贸易公司的越洋航行(一些船舶有时会远离其母港数年之久)外,北海的海上航行几个世纪以来都是季节性的:开始于圣彼得日(Petritag,2月22日),通常在圣马丁节结束(11月11日)。在天气条件允许的情况下,冬歇是船只维修的时间。然而,随着18世纪最后几十年海上保险业的强劲发展和海上贸易的繁荣，船主越来越多地在整个秋冬季节使用船只。因为保险公司之间的竞争使他们有可能为船舶及其设备的此类季节性损坏投保，这在以前是不可能的，或者只能在高费率下才有可能。然而对于水手而言，这意味着不断恶化的各方面条件：不仅冬歇不复存在，海上保险业也未将水手的生命健康纳入保险范围。越来越多的法律案件中，海员们协商反抗，中断航行，迫使船主即刻将船返回本国港口，而船主则想违背海员协议进行更多的航行。虽然不同港口城市当局对于这类案件的裁决颇不一致且往往有利于海员，但船主获得的利益则随着时间的推移越来越多，各地都建立了惩戒海员的机构。

船员特别反对所谓不定期航行，然而却于事无补。除了固定的定期航行之外，船舶在特定港口之间或多或少出现了有规律的不定期航行，这种不定期航行成为18世纪末期流行的海运形式。船主们用船只装载着国内商品运送至出售货物的第一个目的港。然后船长在该港口取得新的货运单。随后，正如当时一名船主所指示的那样，船长率领船舶从"一个港口航行至另一个港口售货以获利"。船长因此被赋予双重责任：一方面，他应该保证航行安全；另一方面还应关注航行的商业价值。北欧船主，特别是来自波罗的海地区的船主青睐载着木制品或谷物进入地中海，然后根据货物的受欢迎程度来判断船舶在地中海港口和西欧大西洋港口之间徘徊数月还是数年。有时，这样的航行甚至会延伸至北美或南美，船员也试图在区域海上贸易中赚取收入。

不定期航行的金融转账一般在伦敦、阿姆斯特丹或汉堡的专门银行业务办公室进行，通常海上运输保险也已承保。不定期航行的成功完成通常是在船员们回到波罗的海地区后，船员们从南欧向斯堪的纳维亚运输一船盐，盐这种商品在北欧往往能卖上很好的价钱。

即便是帆船时代之后，甚至是第二次世界大战之后，不定期航行仍然是一种广泛存在的货运形式。集装箱化和特殊船只要求在全球分工的过程中按照固定的路线和时间运输货物，才使得不定期航行在跨海洋航行中逐渐减少，但在遍布各处的沿海航行中则依然能够见到不定期航行的身影。

19世纪上半叶，在美国西部殖民化的背景下，特别是在加利福尼亚发现黄金之后，航海业在造船业及组织过程的发展方面获得了巨大的推动力。北美大陆东西海岸之间的快速连接显得尤为必要，直至铁路建好之前，这只能通过合恩角附近的航运完成。此外，拿破仑战争结束后，世界海上贸易出现了前所未有的蓬勃发展。随着中美洲和南美洲的非殖民化以及澳大利亚日益显著的经济重要性，海上贸易产生了新的目的地。最后，随着19世纪中叶英国航海法的逐渐废除，国际货运也向整个大英帝国尤其是大不列颠开放。

所有的海运国家都投资扩大了商船队，船主们对船只在越洋航行中的货运量要求越来越高。19世纪初，美国人接替了英国人新船型设计建造的领先位置。随着多桅帆船，特别是19世纪40年代的飞剪船的出现，他们为世界各地的造船业带来了大量模仿性的创新，这些船舶长期保持无与伦比的优势地位。在引进钢铁船体后欧洲才恢复了在航海造船领域的霸主地位。

飞剪船的发展与上述因素相关，但最为重要的是将茶叶从中国和印度运往欧洲和北美的需求。因此，这些帆船也被称为茶叶快船（彩图12）。它们体形修长，有着流线型的船体外形与引人注目的锋利船艏，基本装载能力有限，只有不到1000吨，然而配备3根桅杆之后就能形成巨大的帆面。这种结构赋予它们在有利的风力条件下达到20节甚至以上的船速。不过，最好有60名至100名船员共同工作才能使其处于最佳运行状态。由于木制快船的大小和装载能力都很有限，20世纪下半叶蒸汽船出现之后，越来越多的船主在货运过程中舍弃了木制快船，之后它们几乎消失。然而，大航海时代还没有结束。不久，比之前帆船体积大两倍的钢质船穿越了海洋。

18世纪和19世纪的航海史与前几个世纪一样，传统结构和那些以远距离航运为目的并不断现代化的区域结构同样适用。尽管跨洋航运及其所需的大型船舶获得了许多关注，但沿海航运（所谓"小型航行"）也拥有一定的参与度，并受到整体区域变化的影响。从整体上来看，19世纪乃至20世纪初的航海依然保留了许多传统因素。

第九章　　从风帆到螺旋桨：工业化时代的航海

蒸汽机的发明对于航海业发展具有变革性意义。20世纪初期，帆船还能够与装备了新驱动技术的轮船抗衡。但随着船舶锅炉的稳步改进，能源的使用也越来越高效，靠水手进行驱动的帆船因此逐渐落后。此外，由于全球工业化进程中货物贸易愈加频繁，工厂需要更加高效地将产品交付到市场上。轮船能将航海过程中一些不可估量的因素排除在外，如水手的噩梦：就像约瑟夫·康拉德在《影线》(*Schattenlinie*)中所写的那样，当船行驶到赤道的无风带时，水手在那几天里也无能为力。

另一方面，新的驱动技术也存在一些缺点，因此也有许多船主坚持传统的帆船行业。煤炭供应等基础设施的供应在全球范围内依然疲软，并不是每个港口都有加煤站，热带地区则更为稀少。因此，轮船必须以牺牲储物空间为代价来携带足够的煤炭。除此之外，船东们还要考虑成本效益和投机因素，1900年前后钢铁等新型制造材料的使用使帆船再次蓬勃发展。因为风力驱动是免费的，雇用水手们的费用也很合理，这使得帆船比蒸汽船更有价格优势。同时，也不会出现煤和蒸汽锅炉占据空间的情况，整艘船的装载空间都可用来装载货物。早期的蒸汽发动机非常耗费空间，所需燃煤量惊人，常常会占据超过一半的装载空间。因此，船东仍然依靠水手来运输那类并不急需

第九章 从风帆到螺旋桨：工业化时代的航海

或收益不高的货物，为了获得更好的收益，甚至使装有诸如谷物或棉花这类货物的船只在不消耗燃料成本的情况下在海上更长时间地航行。

此外，帆船船主在货运市场上专注的利基市场（Nischen）并不适用于蒸汽船，例如跨洋货运。直到20世纪初，使用高大的帆船运送货物对船主来说是有利可图的，例如将澳大利亚的小麦和羊毛运送到欧洲。这些帆船按照已知的荷兰东印度公司路线绕过位于南纬40度咆哮西风带的好望角直达澳大利亚，在那里承接货物之后再借助西风航行到南太平洋的合恩角，最后回到欧洲。这类大型帆船在9个月内能完成一次这样的环球航行。另一个值得注意的地点是南美洲西海岸，那里有秘鲁的鸟粪和智利硝石。

在人们发现了鸟粪和硝石有利于田间施肥和炸药生产之后，真正的"氮热潮"开始了。直至第一次世界大战，位于敦刻尔克的航运公司博尔德父子运营了一支由47艘船组成的大型帆船队，运输了总计164000吨硝石。欧洲市场的硝石中几乎有一半是由这支舰队运输的。在合成氨进行大规模工业生产之前，这是一种非常有利可图的货物。因此，水手们不得不忍受那些恶臭的硝石货物，并且这些货物与煤炭一样，存在易燃危险。另一个有利可图的利基市场，是在港口为轮船提供燃煤。只有通过这种附属服务才能使越洋轮船的航运网络进一步深化。

在第一次世界大战之前甚至之后,德国船主大规模聘请货运水手,让他们投入硝石的运输中。完全由钢质船壳和钢桅杆建造的铁身帆船(Windjammer)是五桅帆船或四桅驳船。船上常配备有辅助发动机,这使得它们在港口航行更灵巧。辅助发动机还能支持船上的工作,例如调整风向帆,从而降低人员成本。最常见的铁身帆船类型是四桅驳船,包括船员32人,五桅帆船有时甚至只有24名船员。

1902年,德国汉堡莱斯航运公司(Ferdinand Laeisz)的五桅帆船"普鲁士"号标志着这种大型船舶建造的终结。"普鲁

插图7 德国"塞西莉公爵夫人"号四桅铁身帆船

士"号长147米,排水量近12000吨,能够运载8000吨货物。它是硝石热潮的产物,在智利—欧洲航线上还没有比它速度更快的大型帆船。在之后的八年,"普鲁士"号共计12次航行至智利,直至1910年11月在英吉利海峡与英国轮船相撞搁浅。

19世纪末期,大约超过10家德国船厂专门从事钢质大型帆船制造,并在世界范围内处于领先地位。在此期间制造的船只在第二次世界大战后仍作为货轮使用,其中的一些船舶如今依然活跃在海上。特别是莱斯航运公司著名的帆船类型"Flying P-Liner"。它们被这么命名是因为这些船的名字都是以P开头的。第二次世界大战之后,"帕米尔"号(Pamir)和"帕萨特"号(Passat)前往南美洲和澳大利亚,将粮食运回欧洲。从技术上来说,具有将近3000吨装载量的四桅帆船代表了几千年来帆船发展史的终点。除了莱斯公司,还有其他十几家主要的欧洲船运公司运营这类大型帆船,其中法国船运公司博尔德父子最具代表性。1900年以后,大约3500艘大型帆船在世界范围内承担海洋运输任务,其中以四桅帆船为主。但第一次世界大战给许多这样的帆船带来了致命一击,无数大帆船被德国U形潜艇击沉。即使在战争之后大帆船的数量仍急剧下降,因为造船技术的发展对帆船不利。此外,1920年施行的巴拿马运河航运交通规则也对此产生了影响。尽管如此,仍有一些货运帆船在第二次世界大战中幸存下来。

1957年9月"帕米尔"号在从布宜诺斯艾利斯返航途中沉

没，一定程度上象征着帆船运输的终结。此后，剩余的大型货运帆船主要作为海军陆战队的训练船、博物馆展品、娱乐船或旅游船使用。例如，之前的"帕多瓦"号（*Padua*）改名为"克鲁森施腾"号（*Kruzenshtern*），变成了俄罗斯海军训练船。

从长远来看，船主在19世纪下半叶开始青睐轮船的可靠性和可预测性。由于对风具有依赖性，帆船也有可能无法按原定计划进行越洋航行。船主开始将远洋轮船投入使用，首先在欧洲和北美洲运输易腐货物。在奥地利人约瑟夫·拉塞尔发明了船用螺旋桨后，轮船才在北大西洋的客运服务中投入使用。与帆船相比，轮船还没有真正具有竞争力，因为它们并不能完全适应波涛汹涌的大海，所以轮船也配有船帆。1819年从美国穿越大西洋到英格兰的第一艘舷侧轮汽船"萨凡纳"号（*Savannah*）是全装帆船。在25天的航行中，蒸汽机总共只运行了4天。之后，美国和英国制造的明轮船即使在技术上有所改进，但驱动方面仍存在问题。不过，自1830年以来，轮船制造已经非常成熟，因此能安全地完成大西洋航行任务。这些轮船主要用于邮政运输和包裹的运输，并且在良好的风况和海况下，它们比帆船的速度更快。1838年，著名的明轮船"大西"号（*Great Western*）投入使用，15天就能完成横渡大西洋的航行，但是煤炭的消耗量非常大。1300吨位的轮船可容纳约200名乘客，主要从前往美国的移民那里获利，否则这艘船的运营将收益甚微。1846年之前的八年中，"大西"号横跨英格

第九章 从风帆到螺旋桨：工业化时代的航海

兰和北美洲之间的大西洋64次。但是，所有这些成就都无法掩盖明轮船的结构缺点。因为其驱动技术的特点，这些船在有风浪的海上航行时容易出现故障。1841年3月，当时最大的明轮船"总统"号（President）在从纽约到利物浦的航行中于北大西洋下落不明，而在这之前另一艘帆船上的全体船员还亲眼见证了它与风浪的搏斗。

早在1843年，英国工程师伊桑巴德·布劳内伦就已经建造了第一艘螺杆驱动的轮船"大不列颠"号（Great Britan）。这艘载重量为3000吨的大型轮船的船体不再由木材制成，而是由铁制成。该船有活动甲板，并首次采用了水密舱壁。它首次横渡大西洋的航程同样是从利物浦到纽约，耗时14天。至少英国，"大不列颠"号给轮船航运带来了突破，同时也让人们看到了工业时代造船技术的可能性。从19世纪60年代开始，这个岛上几乎所有进行越洋运输的船只都是由铁和钢制成的。木船已无法满足日益增长的需求。

1869年竣工的苏伊士运河将欧洲和东亚之间的距离缩短了一半以上，但其并不适合帆船的航行。帆船依然得绕着南非航行。同年，美国东海岸与西海岸之间的铁路开通，这对北美洲的克利佩尔航运公司无疑是一个巨大的打击。

1880年引进的膨胀蒸汽机使煤炭能源得到更有效的使用，因此运营成本显著下降。到1900年，轮船造船技术迅速发展，即使机房和煤仓占据了一定的空间，世界各地的轮船仍拥有总共约2400万净吨（乘客乘坐及货物装载空间）的载重量，是帆船的两倍。差不多十年前，轮船的净吨数只略高于帆船的净吨数。在19世纪的最后二十年，轮船数量迅速增长。1880年，主要航运大国轮船的注册吨数达到了1400万吨，而帆船只有400万吨。

除了越洋的邮政服务和包裹服务之外，北美的移民潮也推动了轮船运输的发展。起初，移民服务是由帆船提供的，但即使最快的帆船也无法阻止轮船的发展。随着客运量的增加，轮船再次加快了它的航行速度，为船主带来了更高的收益。轮船能按计划安全地航行，船上的住宿条件不断优化，经济舱乘客越来越多，因此这是一笔划算的买卖。航运公司在各自的腹地建立了密集的代理网络，为货物的装载和乘客提供便利。在19世纪下半叶，每年有30万至50万欧洲人迁移到北美洲，从1887年至1900年，仅德国就有250万左右的人迁移到北美洲。第一次世界大战之前，欧洲每年移民人数增加到100万。

在移民热潮最初的几年，移民者主要搭乘不来梅的航运公司的船舶，例如在19世纪50年代，约有20万德国移民从不来梅搭乘航运公司的船舶从德国去往纽约和波士顿。汉堡是欧洲大陆第二大移民港口，在19世纪末依靠着中欧和东欧的移民潮才能与不来梅抗衡。不能低估这两座城市繁荣的海洋运输业，它给北德劳埃德（Norddeutscher Lloyd，NDL）（不来梅）和汉堡-美国货运公司（Hamburg-Amerikanische- Packetfahrt-

第九章 从风帆到螺旋桨：工业化时代的航海

Actien Gesellschaft，Hapag）（汉堡哈帕格）这两家大型航运公司带来了1/2至2/3的收入。

自19世纪50年代以来，北德劳埃德和哈帕格主要与英国、法国和北美的航运公司竞争跨大西洋的客流，自19世纪70年代后期起，这些乘客一般都搭乘轮船。这场竞争十分激烈，在英国航运公司的引领下，航运公司投入使用了更加大型、速度更快的轮船。这种激烈的竞争造成了一些船主破产。即使是收购过许多美国和英国航运公司的美国金融巨头J.皮尔庞特·摩根（J. Pierpont Morgan）也遭受了打击。

跨洋航运公司多次尝试通过关税协定来缓解竞争局面，但在一段时间之后就会再次失败。19世纪末，北德劳埃德、哈帕格以及英国白星航运公司（White Star Line）、英国冠达邮轮公司（Cunard Line）和法国大西洋轮船总公司（Compagnie Générale）等航运公司在横跨大西洋的货运和客运业务中处于世界领先地位。这两家德国航运公司最初在英国制造轮船，直到19世纪90年代，在国家的支持和技术革新下，德国的造船厂才能与英国的进行竞争。这与威廉帝国改进其海军装备有着密切关系。成立于1847年的哈帕格的发展正是得益于国家的海运政策以及货运和客运的同时繁荣。在19世纪80年代，按照可利用吨位进行排名的话，汉堡的这家航运公司只能在世界商船队中排名第二十二，而其通过冒险收购其他航运公司、巧妙投资造船业、在南美和东亚扩展货物运输和旅客运输等方式在10年内成为世界上最大的航运公司，并且一直壮大。在第一次世界大战之前，它曾有几艘巨型轮船投入使用，如"皇帝"号（Imperator）和"祖国"号（Vaterland），其总吨位提高到100万吨以上，甚至超过了大多数海运国家的货舱吨位。但北德劳埃德还是可以与之相提并论。北德劳埃德不仅制造大型快艇，而且拓宽了它的航运网络，并且在国家的资助下开通了前往澳大利亚和亚洲的航线。1913年，它拥有了70万吨的吨位，成为全球第二大航运公司。

在横跨大西洋航运的竞争中，各航运公司都在争夺"最快蓝带"，轮船越来越大，速度越来越快，构造越来越豪华，不仅反映了经济的发展，也显示了科技的进步，在帝国主义鼎盛时期增加了国家的威望。这尤其体现在19世纪末，欧洲大国开通前往非洲和亚洲的"服务"航线——这些服务往往无利可图。

1912年，横渡大西洋的"泰坦尼克"号沉没，造成1500人死亡，其主要原因是救援设施不完善。在此之后，为了防止发生大型灾难，客轮都会配备安全设施，如提供足够的救生艇座位。为了加强海上安全，1914年制定了《国际船舶安全公约》（国际海上人命安全公约SOLAS）。有关民用航运最低安全标准的规定在之后的会议中不断发展，使安全标准与技术发展相匹配。自1959年以来，由联合国下属机构国际海事组织（IMO）对其进行主持。多次发生的轮船事故和近几十年由油轮泄漏造成的海岸污染都使公约一再被修订。降低风险的方式

第九章 从风帆到螺旋桨：工业化时代的航海

包括在危险海域建立并扩大安全系统，在沿海和港湾入口完善航道浮标、雷达影像和救援设施。不断增加的轮船航运流量和不断增大的碰撞风险导致需要引入国际海上交通规则，该规则于1863年第一次商定，之后得到不断完善。无线电报的发明加强了船舶之间以及船舶和陆地之间的沟通。在此之前，消息主要是通过标志信号或信号灯进行传输。1856年才出现国际通用的信号字母。

随着轮船运输的出现，船员航海的能力与知识也得到了加强和增长。数千年来一直为帆船服务的水手，实际上成了工人或机械师，尽管他们仍被称为水手。普通水手已不再会风雨无阻地扬帆起航，而是负责机械或承担码头工人的工作，工作内容主要是铁锈的清除和给船舶上漆。在帆船时代，一位优秀的水手可以成为船长，而现在这是不可能发生的事情，因为船长必须具备广博的技术和航海知识，而这些知识只能在国立航海学校习得。

司炉工和煤炭工是轮船的最底层工作。这些人不是原来意义上受过训练的海员，从严格意义上讲，他们根本不能算是船员，因为他们的工作与航海任务一点关系也没有。他们在船上只负责为蒸汽机添加燃料。与其他的船员及早年的水手不同，他们得不到亲切的关怀，来自最低社会阶层和沿海地区的司炉工和煤炭工通常会受到猜疑和严格的纪律制约。

自19世纪最后二十年以来，这些船上工作者占了船员中的大多数，世纪之交时，在跨大西洋轮船上工作的人员人数达到了数百名。例如，哈帕格航运公司的"德国"号共有547名船员，其中司炉工和煤炭工180人、润滑工18人、杂工12人、机械师16人，船上真正的船员只有55人。即使是在小型的轮船上，船员比例也最多只占到45%。另外，在客运轮船上还存在第三种船员类别，即服务人员。其数量与载客量成正比。船多人少的局面在第一次世界大战前的几年不复存在，乘坐往返欧洲和美国邮轮的移民越来越多。在如今以休闲为主的现代邮轮上，服务人员的数量占船上工作人员的绝大多数，因为司炉工和煤炭工已经不存在了。然而，如今邮轮上的服务人员的数量并不及上一代跨大西洋轮船上的数量，这个数量在1937年投入运营的拥有83000总注册吨数（BRT）的"诺曼底"号上达到了顶峰：船上共有工作人员1345人，其中服务人员有1000人，他们为2000名乘客提供服务。

世纪之交时，甲板上的工作人员，也就是水手，要经过很长一段时间才会被认定为机械师。这与陈腐的对传统行业的追忆和衍生出的职业等级划分行为不无关系。水手认识到，航运公司采取的航海纪律和制裁措施将他们与以前的自由和习惯分割开来。和工厂一样，现代航运业也存在有组织的劳工斗争。任何地方都有针对司炉工和煤炭工恶劣工作条件的抗议。这些工人的工作场所位于船腹底部，环境恶劣，煤尘污染严重，工人在那里会感到呼吸困难。据有关报道，很多人会在那里死去，或者出于对命运的绝望而自杀。

司炉工和煤炭工经常试图从港口逃离以逃避这些虐待并不是没有道理的。在1900年左右，每年平均有5000名工人逃离德国轮船，不仅包括上述机舱内的工人，尽管他们在这里也占了绝大多数。这些观察结果与当时其他商船以及海军的观察结果一致。这种船员们口中的"逃亡"，主要发生在北美港口，其中一半以上在纽约。

第十章　　从多样化到专业化与集中化的转折：20世纪的航海业

第一次世界大战是海上运输的一个重要转折，但这不仅是因为海洋上巨大的船舶损失。德意志帝国的轮船由于海军封锁或者战争爆发被禁止进入其外围基地而被困在本国港口，而同盟国军则将大多客船当作部队运输工具。货轮通常担任双方的辅助巡洋舰，成为战争的牺牲品，其数量不容忽视。

战后，由于赔偿义务（其中包括向同盟国交付所有总注册吨数在1600以上的客轮和货轮），作为主要海洋国家的德国退出了造船业的竞争，这尤其影响了两家大型航运公司哈帕格和北德劳埃德，后者失去了它的远洋客轮运营权。然而，得益于与美国航运公司签署的双边协议以及国家重建援助，它才能够在几年后重返跨大西洋客运之旅。在20世纪20年代末，北德劳埃德还有两艘战前规模的新造船，"不来梅"号（*Bremen*）和"欧罗巴"号（*Europa*）。这两艘轮船所采用的大型现代涡轮蒸汽机可驱动超过50000总注册吨数，这种创新驱动技术迅速创造了速度纪录并赢得了"蓝带"荣誉。哈帕格带着自己的新型船舶回归传统的国际航运，几年后，哈帕格和北德劳埃德再次分别成为世界上最大的航运公司之一。然而它们在全球经济危机中并没有做好充分的应对工作。

蒸汽涡轮机在一战前已经普遍被用作船舶发动机，但与技术落后的活塞式蒸汽机一样，煤炭仍然是其主要能源。同时，燃油涡轮机对货船的适用性已得到证明，并且也证明其作为未来的船舶推进力的发展潜力。尽管投资更高，但炼油厂提供的相对便宜的重油可以为燃油涡轮机的使用摊平成本，而且可节省大约3/4的机房工人，包括司炉工和装煤工人。重新开始的压力导致了广泛的现代化，特别是在德国商船队中。其他航海国家的船主，如挪威人在战争期间的中立旗帜下获得了巨额利润，他们认识到时代的发展迹象，并选择通过燃油推进技术实现船队的现代化。与此相反，英国船主在国内煤炭游说团体的影响下大多坚持传统的燃料。20世纪30年代后期，他们的商船队中只有1/4的船只采用燃油涡轮机提供动力。

20世纪30年代，随着涡轮电力驱动的发展，燃油蒸汽轮机的效率得到提高，并主要应用于大型客船或客货联运船。效率更高的柴油发动机在当时仍不具备竞争力，尽管1925年瑞典斯德哥尔摩美国航线（哥德堡）的"格里普斯霍姆"号（*Gripsholm*）客船配备的柴油发动机首次验证了这种发动机的可靠性。直到20世纪50年代第二次世界大战后，随着汽车产业的发展，原油生产和炼油能力大大增加，主要石油公司寻求汽油生产废弃物的买家。因此他们大力推动船用柴油机的技术改进，从那时起对标准推进力进行了多次改进。与军事部门不同，由于各种原因，经过一段时间的实验后，核反应堆的使用被放弃。

20世纪20年代后期的全球经济危机突然结束了国际航运热潮。早在1930年底,世界商船就达到了7000万吨注册总吨数,其中约800万吨空余在港口。到1932年,这个空余数字应该再增加一倍。通过卡特尔的形式,航运公司试图避免对剩余货物的毁灭性竞争。此外,国家对于报废的补贴,可以减轻航运公司沉重的负债压力。但当经济在1936年再次回升并投资于新型船只建造时,德国造船业却经历了技术衰退,这是由于纳粹政权在军备需求和在对国外石油供应依赖的恐惧下执意建造蒸汽轮船。

第二次世界大战给商船造成的损失比第一次世界大战更大,这些商船被用于海上补给,特别是对潜艇的补给。从美国前往英国和摩尔曼斯克的船队损失特别大。潜伏在大西洋的德国潜艇,在战争期间击沉了约1500万吨注册总吨数的盟军船只,这大约是盟军商船损失的一半。为取代它们并确保欧洲盟国的供应,美国从1941年秋开始大规模生产标准货船。这些7200吨的货轮以自由舰的名义载入航海史册,它们采用标准化部件制造以及已用于汽车生产的装配线工艺,彻底改变了造船业。从龙骨的铺设到船只组装完成,将大约30000个预制件装配到货船上所需的时间减少到大约一个半月。另一项在战前试验过的革命性创新,是采用焊接而不是传统的钢板铆接,但直到建造这些船只时这项技术才得以充分实现。这明显增加了这些船的实力。到战争结束时,美国总共建造了2751艘自由舰。

战争结束后,这些船被继续使用了很久。1945年以后,98艘自由舰构成了希腊商船队的基础。

第二次世界大战后出现了新的发展趋势,在这个过程中,传统的海运国家在吨位排名上落后,全新的海运国家名列前茅。这一发展始于美国船主在二战期间悬挂中立国巴拿马的国旗以规避其"中立法"的方式,该法禁止向交战国的港口(包括实际上是盟友的英国)运送货物。1941年底美国参战后,悬挂巴拿马旗帜的船只也受到敌方保护,以免受鱼雷袭击。同时,美国船主很快就意识到使用诸如巴拿马等中立国家"方便旗"的另一个好处,即规避本国的劳动法和关税。因为根据国际海洋法的规定,每个国家能够自行确定船舶悬挂的旗帜以及船舶公司在本国注册的条件。迄今为止,传统的海运国家都已向本国国民颁发了包含劳工条款和公共条款的旗帜法。在巴拿马这样的国家,外国人也被允许在各自旗帜下进入航运业务,没有任何特殊条件。因此,巴拿马的商船已经拥有了超过300万的注册总吨数,领先于法国和意大利。但事实上,这个吨位完全属于美国船东。这一数字在几年内将增加到1000万吨,这意味着大约1/3的美国船只是在巴拿马登记注册的。

此种模式迅速风靡开来,很快便有更多的方便旗出现在海面上。其中,利比里亚(Liberia)的迅速发展尤其引人注目,在1948年最早的航运统计中仅有两艘船在该国登记注册,注册总吨数772吨,但1950年利比里亚的船舶总吨位已超过24.5

万吨。此后，它继续以每年高达100万吨的注册总吨数增长。越来越多的欧洲人加入美国航运公司。他们都受益于劳动和税收优惠以及运营成本的降低。在这些方便旗下，他们绝不只派出那些趋于报废的船只，因为在利比里亚旗帜下，最现代化的商船队也长期行驶。

现在，悬挂方便旗的船只已占据了相当比例，以至于相关统计数据也无法全面反映国家所拥有的实际船舶吨位数。根据联合国贸发会议的声明，截至2009年底，世界贸易中船舶总吨位数为8.4亿吨（BRI，新的船舶调查规模），其中1/3悬挂巴拿马和利比里亚的旗帜航行（巴拿马22.3%，利比里亚10.7%）。第一次世界大战后，全世界几乎一半的商船都悬挂着英国国旗航行，但2009年的英国船舶总吨位则以1.9%的份额排名世界第十一位。但是，如果我们看一下真正的所有者比例，那么结果就是9个"方便旗国家"中没有一个能够排进世界前十名。在这里，传统的海运国家继续保持领先地位，其中包括日本和中国，这些国家共占世界船舶总吨位数的20%左右。在冷战期间，所谓东欧集团大大扩展了其商船队。这种情况的发生不是为了满足自己的运输需求，而是为了外汇采购。盈利能力并未发挥重要作用。由于对市场的担忧，以经济为导向的航运公司开始了运费倾销，这使它们能够从大量的货运中赚取可观的收入，尤其是在发展中国家的航运中。20世纪下半叶，航运货运量大幅增长，这最初主要是由石油繁荣带动的。到1980年，原油占海运货物的一半以上。因此，世界油轮船队的数量和吨位不断增加，单体油轮也越来越大，20世纪80年代单艘油轮达到了450米长，装载量超过60万立方米原油。油轮引发了航运悠久历史上未曾有过的危险，即近几十年来一再出现的船舶事故造成的巨大海洋和沿海污染："托雷·尼翁"号（*Torrey Canyon*，1967）、"雅各布·麦斯克"号（*Jakob Mersk*，1975）、"阿莫柯·卡迪兹"号（*Amoco Cadix*，1978）、"大西洋女皇"号（*Atlantic Empress*，1979）、"埃克森·瓦尔迪兹"号（*Exxon Valdez*，1989）、"布莱尔"号（*Braer*，1993）、"威望"号（*Prestige*，2002）——这里仅列出了油轮事故中最严重的。除了油轮之外，从20世纪70年代开始大量建造的各种化学品运输船也对环境产生了重大危害。最近，新造船只中只允许使用双壳油轮，以将风险降至最低。

第二次世界大战之后，货物运输公司的不定期运输也经历了繁荣时期。世界各地的航运公司投资兴建现代化货船，新型船只的投入使用量远远超过废弃船舶。在20世纪60年代初期即建造规模更大、航行速度更快的货轮的这一阶段，一项发明彻底改变了整个海上（以及陆上）的货物运输方式：集装箱。它质疑的不仅是之前对普通货运船队的大量投资，而且质疑航运公司此前不断扩大的后勤需求。它带来了港口装卸的合理化，缩短了昂贵的港口停留时间并降低了运输成本。对于一般货物运输船来说，有时候复杂的装货和卸货占用了周转周期的一半时间,而一艘货船只有在海上时才能赚钱。因此,集装箱船意味着常规航运服务的终结,许多航运公司无法完成转型,并成为集装箱化的牺牲品。

航海集装箱起源于美国,1965年左右已有171艘集装箱船。它们当时在美国东海岸和西欧之间的班轮服务当中盛行,此后不久也在美国西海岸和日本之间流行。欧洲的航运公司现在也迫使它们的船队进行集装箱运输。从20世纪70年代开始,亚洲企业在集装箱运输中的作用也越来越大。在这个过程中,船舶发展到了巨大的规模:第一代集装箱船的装载能力可以达到4000标箱(以长度为20英尺的集装箱为国际计量单位,也称国际标准箱单位),而丹麦"艾玛·马士基"号(*Emma Maersk*)等最新一代的集装箱船可以达到15000标箱,相当于大型油轮的装载能力。通过复杂的物流,集装箱运输比任何其他形式的货运都更加能融入全球劳动分工中。由于最小化的运输成本,它可以部署单独的生产流程,并将其像拼图一样融合到其他地方的产品中。通过先进的、计算机控制的和GPS控制的供应链,集装箱货船已经成为一个移动的仓库,它与陆地相连接并通过陆地上提供的所需部件使得效率提高。

集装箱革命改变了码头转运的性质。岸边等待的码头起重机和成片的货车不再是码头的特色。传统的码头工人中装卸工也变得多余了,这导致了相当程度的社会紧张和劳动斗争。代替他们的是由专人操作的新型装载和卸载系统,其交互主要由计算机控制。集装箱码头不再有码头棚，因为现在需要巨大的空地来停放集装箱。例如，现在每年在鹿特丹处理大约1000万标箱，在汉堡每年处理大约900万标箱，这种以钢箱为主的港口景观在可塑性方面令人印象深刻。这两个欧洲最大的集装箱港口仍然被优势明显的亚州港口超越，如上海和新加坡。在10个最大的集装箱港口中，有6个属于中国。与大型停靠港相连的通常是向周边和较近海域的小型港口提供的配送服务，也包括洲际常规服务。

在短途或中途运输路线上，与集装箱运输相似的所谓滚装系统盛行，其中卡车半挂车（拖车）在专门准备好的船上行驶并在目的港从船上卸下。通过这种方式，与集装箱一样，实现了一种从发件人到收件人的封闭式运输链。

为了避免破坏性的竞争，班轮运输公司——特别是集装箱运输公司已经成立了国际会议，就像在第二次世界大战之前一样，在这些会议中协商解决有关航区、最后期限、运费的内容，但保留那些未涉及的操作的独立性。这些航运会议控制着世界主要的海上联系，涉及的运输公司运输了超过全球80%的货运量。

除了这3种形式的海运（油轮、集装箱、滚装船）之外，专用散装货船，也称为散货船，在全球海运业务中也占据主导地位，这些船舶用于运输大宗散装货物，如煤炭、矿石、水泥或粮食，在一定程度上它们是1900年左右的晚期大型货运船的继承者。它们有3种类型：纯散装货船；散货集装箱船；液体散货船。今天全球约1/3的海运都是在这些船上处理的。与集装箱运输（主要是有预定的出发和到港时间的纯粹的班轮运输）相比，散货船在运输过程中保留了传统不定期航运的元素。对于边缘海域的沿海货运来说尤其如此。

尽管过去几十年来海洋的货运量增长水平不可估量，但自20世纪60年代以来，跨洋客运已经变得微不足道。战争之后，跨大西洋的客运服务似乎能够恢复到20世纪30年代的水平——乘客人数上升，因此投资涌入远洋客轮的建造，然而，从长远来看，这应该是一个误判：因为显而易见的原因，这些船最终无力抵抗天空的竞争。早在1958年，当第一架喷气式飞机飞越大西洋时，天空就占据了优势。飞机比船能运载更多的人。而在20世纪60年代中期，只有不到10%的旅客选择了通过海路跨过大西洋。渐渐地，大西洋上的大型轮船被移出了亏损的班轮线路。作为最后一艘常规班轮客船，北大西洋航线上的"伊丽莎白女王2"号一直运营到2004年。

与传统客运业务的衰落相反，大型豪华邮轮业务则出现强劲增长。今天，此类旅行的首选旅行地是加勒比海和地中海，以及夏季的波罗的海和挪威峡湾。最近，人们甚至在极地海域附近乘船周游，这种航海方式并不是什么新鲜事。在世纪之交的豪华班轮上，头等舱和二等舱乘客已经将海上航行从一种纯粹的交通方式过渡至体验型的休闲旅游。在船上的停留不再被视为一种让人难受的事情，而是一种可被感知的乐趣。这就是航运公司通过更具想象力的广告媒介向相应的客户群体宣传设施豪华的邮轮的原因，因为这些乘客是保障邮轮经济收入的基础。

这个时代在许多方面为邮轮旅行提供了基础。班轮的关键是航行速度，这与强调观光休闲的邮轮旅行截然不同。没错，释放时间的压力恰恰是邮轮旅行的重要特征。英国再次成为关键的推动力量，19世纪末的英国人如果想要逃离阴冷的冬半年，会选择乘船体验温暖阳光和不同的文化风情，东方是他们的首选。托马斯·库克是这一航海新分支的先驱。其他国家的航运公司很快对其进行效仿，哈帕格在1900年左右再次成为该领域的领导者。尽管已在较高社会阶层中获得了相当程度的成功，哈帕格还是将目标人群转移至社会的新兴中产阶层，豪华邮轮环游线路也变得更为广泛，西印度群岛也成为旅行目的地之一。哈帕格还开发了针对夏季的诺德兰之旅，特别是受到德国民众欢迎的北欧峡湾线路。同时，现在还出现了专门为环游旅行而设计的小型游轮[1]，只提供一个级别，设计航行速度也低于班轮。由于该类型游轮的出现，海上旅游业与客轮运输完全分离，形成了自身特有的组织流程，其基本原则至今仍未改变。

---

[1] "邮轮"和"游轮"是两个区分度较小的词：通常豪华的、航行时间长的、跨洋的、休闲的为邮轮；提供一般周游业务的、短途的或进行内河、湖泊观光的为游轮。——编者注

令人惊讶的是，与其他海事部门不同，邮轮行业在大萧条期间没有经历任何重大崩溃。新船投入使用使得航线网络也得到了改进。一些船舶公司甚至提供环球航行。与第一次世界大战前一样，许多邮轮上都有国际游客，他们是更受欢迎的旅行人群。在较低社会阶层的更多参与和大众旅游发展方面，德国纳粹时期德国工党的"喜悦中产生力量"（KdF）组织计划带来了决定性的变化。KdF组织在纳粹政权的支持下，从被暴力解散的自由工会中获得了资金，迅速成为世界上最大的旅游运营商。它们推出各种价格低廉的海上旅游项目，创造了巨大的海上旅游需求，这使其成为大众旅游的先驱。这些由宣传者推动的海上航行向以前在这一领域没有成功的老牌航运公司展示了"低成本邮轮"的经济潜力，因此他们很愿意为kdF提供专业知识并将其船舶租赁给KdF。

第二次世界大战后小型和新兴的航运公司重新展开了环球航行项目并延续了战前的环球航行概念。与此同时，主要的美国和欧洲航运公司重新开始完全依赖客运业务，但却错过了发展机会，这使它们不能完全重整旗鼓。

现在专用于客轮运输的船舶都非常相似。大多数拥有众多标准客舱的新船舶都是为中等规模的载客量而特别设计的。最新一代的船舶载重量超过20万吨，可容纳约5000名乘客。航运公司这种装备了消费社会所有成就的现代邮轮线路不是作为交通工具提供的，而是作为一个体验空间，服务于西方休闲社会的一般乐趣。这种营销理念现在甚至融入了渡轮线路，这些渡轮线路将其数小时的穿越作为迷你游轮线路进行宣传。然而，以前与旅游教育相关的普通游轮线路仅由小众的供应商组织，船的规模也相对较小。而今天的大众市场由少数全球性航运公司主宰，其中包括美国的嘉年华公司。除了经典线路，北美的投资者还特别推出了空海联航旅游（Fly and Cruise）作为替代方案，游客先通过飞机抵达邮轮的热带目的地。此举降低了航运公司的燃料成本，因为它抵消了船舶长途旅行的需要，并且可为客户提供便利。

邮轮市场似乎具有无穷无尽的潜力。人们经常可以看到一个更新、更大、更奢侈的试运行方案。2009年，总吨位为1500万吨的513艘船只在方便旗下的大海中航行。这只是目前在海洋中航行的大约38000艘商用船（仅统计了吨位超1000吨的）的一小部分，但它们有着极大的利润潜力。仅在2010年，就有120万名德国游客乘坐这些游轮，比上年增长近20%，使这些航运公司的销售额增长了7%。与这种增长相伴的是一个渐进的集中过程，这也是海运的一大特点。

名词解释

星盘（Astrolabium）：显示星座和其他天体特征的旋转圆盘，用于天文及地理测量。

三桅（或多桅）帆船（Bark）：有三根或更多的桅杆，最后一根桅杆上挂纵帆，其他桅杆均为横帆的帆船。

后桅（Besanmast）：多桅帆船的最后一根桅杆。

双桅横帆船（Brigg）：有两根桅杆，帆装为横帆的帆船。

总吨位（Brittoregistertonne）：衡量船舶内部容积的标准。

福禄特帆船（Fluyt）：1600年左右由荷兰人设计的一种货运商船。

前桅（Fockmast）：多桅帆船的最前一根桅杆。

三桅快速战舰（Fregatte）：近代早期的一种三桅杆战船。

斜桁四角帆（Gaffelsegel）：安装在桅杆倾斜向上伸出的活动翼梁上，呈不规则四边形的帆。

盖伦帆船（Galeone）：16世纪末至17世纪所用的大型三桅帆船，偶尔也会装配四根桅杆。

加里奥特桨帆船（Galiot）：主要用于近海港口的小型平底双桅两排桨帆船。

主桅（Großmast）：帆船的主要属具，双桅帆船的主桅通常为船尾桅杆，三桅或多桅帆船的主桅为从船尾数第二根桅杆。

国际海事组织（IMO）：联合国负责海上航行安全和防止船舶造成海洋污染的下属专门机构，总部设在英国伦敦。

克拉克帆船（Karacke）：地理大发现早期的三桅（偶见四桅）帆船，可搭载方帆或三角帆。

卡拉维尔船（Karevelle）：流行于14世纪至16世纪的双桅至四桅帆船，多使用三角帆。

木板搭接（Klinkerbauweise）：该造船方式将船体的侧板重叠，上层板重叠在下层板上。

飞剪船（Klipper）：19世纪的一种船身尖锐、没有甲板上层建筑的三桅方帆快速帆船。

木板平接（Kraweelbauweise）：该造船方式将船体的侧板左右平接，形成光滑的船体表面。

三角帆（Lateinersegel）：一种朝向船身纵向设置的三角帆。

计程仪（Log）：船速测量仪器。

测深锤（Lot）：测量水深的仪器。

皮纳斯帆船（Pinassschiff）：由17世纪荷兰福禄特帆船发展而来的一种三桅帆船，是东印度群岛地区主要使用的船型。

帆桁（Rah）：木制或钢制成的圆杆，水平安装在桅杆上部，可以旋转和垂直移动。

直角帆（Rahsegel）：可围绕桅杆旋转以配合最佳风向。

多桅帆船（Schoner）：二至七个桅杆的多桅杆纵帆船。

货运监督（Superkargo）：（在港口时）货主委托的监督货船装载的全权查核员。

帆装（Takelung）：帆船上各种索具及帆类型术语，从中衍生出不同类型的帆船。

贸发会议（UNCTAD）：联合国贸易与发展会议。

全帆装船（Vollschiff）：三根或以上桅杆的帆船，全部桅杆均挂横帆。

侧支索（Wanten）：用于牵拉帆船桅杆两侧的绳索。

参考文献

Bellec, François: Unterwegs auf den Weltmeeren. Die Geschichte der großen Handelsrouten, München 2005.
Bohn, Robert u. a. (Hrsg.): Fernhandel in Antike und Mittelalter, Darmstadt 2008.
Bohn, Robert (Hrsg.): Nordfriesische Seefahrer in der frühen Neuzeit, Amsterdam 1999.
Bohn, Robert: Die Piraten, München (3. Aufl.) 2007.
Bracker, Jörgen u. a. (Hrsg.): Die Hanse – Lebenswirklichkeit und Mythos, Lübeck 1998.
Casson, Lionel: The Ancient Mariners. Seafarers and Sea Fighters of the Mediterranean in Ancient Times, Princeton 1991.
Cipolla, Carlo M.: Segel und Kanonen. Die europäische Expansion zur See, Berlin 1999.
Coleman, Terry: The Liners. A History of the North Atlantic Crossing, London 1976.
Conermann, Stephan (Hrsg.): Der Indische Ozean in historischer Perspektive, Hamburg 1998.
Cordingly, David: Captain James Cook Navigator. The Achivements of James Cook as a Seaman, Navigator and Surveyor, London (2nd Ed.) 1988.
Dash, Mike: Batavia's Graveyard, London 2002.
Despoix, Philippe: Die Welt vermessen. Dispositive der Entdeckungsreisen im Zeitalter der Aufklärung, Göttingen 2009.
Ellmers, Detlev, Frühmittelalterliche Handelsschifffahrt in Mittel- und Nordeuropa, Neumünster 1984.
Feldbauer, Peter: Venedig 800–1600. Die Serenissima als Weltmacht, Wien 2010.
Finamore, Daniel (Ed.): Maritime History as World History, Gainesville (Florida) 2004.
Friedland, Klaus (Ed.): Maritime Aspects of Migration, Köln/Wien 1989.
Gama, Vasco da: Die Entdeckung des Seeweges nach Indien. Ein Augenzeugenbericht 1497–1499, hrsg. v. Gernot Giertz, Darmstadt (3. Aufl.) 1990.
Gerstenberger, Heide & Ulrich Welke: Sozialgeschichte der deutschen Handelsschifffahrt im Zeitalter der Industrialisierung, Münster 1996.
Gondesen, Andreas: Die letzten Flying P-Liner, Bremerhaven 2010.
Grün, Robert (Hrsg.): Columbus, Christoph: Das Bordbuch 1492. Leben und Fahrten des Entdeckers der Neuen Welt in Dokumenten und Aufzeichnungen, Tübingen 1970.
Hutchinson, Gillian: Medieval Ships and Shipping, London 1997.
Johnson, Donald S. & Juha Nurminen: The History of Seafaring, London 2007.
Klein, Herbert S.: The Atlantic Slave Trade, Cambridge 1999.
Linebaugh, Peter & Marcus Rediker: Die vielköpfige Hydra. Die verborgene Geschichte des revolutionären Atlantiks, Berlin/Hamburg 2008.
Marboe, Alexander & Andreas Obenaus (Hrsg.): Seefahrt und die frühe europäische Expansion, Wien 2009.
Meier, Dirk: Land in Sicht. Entwicklung der Seefahrt an Nord- und Ostsee, Heide 2009.
Mollat du Jourdin, Michel: Europa und das Meer, München 1993.
Müller-Karpe, Hermann (Hrsg.): Zur geschichtlichen Bedeutung der frühen Seefahrt, München 1982.
Nagel, Jürgen G.: Abenteuer Fernhandel. Die Ostindienkompanien, Darmstadt 2007.
Neukirchen, Heinz: Seefahrt im Wandel der Jahrtausende, Berlin (Ost) 1985.

Ptak, Roderich: Die maritime Seidenstraße, München 2007.
Rösch, Gerhard: Venedig – Geschichte einer Seehandelsrepublik, Stuttgart 2000.
Roesdahl, Else: Vikingernes Verden, København 1989.
Scammell, G. V.: Seefaring, Sailors and Trade, 1450–1750, Aldershot (GB) 2003.
Scammell, G. V.: Ships, Oceans and Empire, Aldershot (GB) 1995.
Schäfer, Christian: Kreuzfahrten. Die touristische Eroberung der Ozeane, Nürnberg 1998.
Schmitt, Eberhard (Hrsg.): Dokumente zur Geschichte der europäischen Expansion, 6 Bände, München/Wiesbaden 1984–2008.
Schulz, Raimund: Die Antike und das Meer, Darmstadt 2005.
Sobel, Dava: Längengrad, Berlin 1999.
Souza, Philip de: Seefahrt und Zivilisation, Hamburg 2003.
Veres, Laszlo & Richard Woodman: Unter Segeln. Vom Einbaum zum Hightech-Segler, Bielefeld 2002.
Welke, Ulrich: Der Kapitän. Die Erfindung einer Herrschaftsform, Münster 1997.
Wellington, Donald: French East India Companies. A historical account and record of trade, Oxford 2006.
Wernicke, Horst & Nils Jörn (Hrsg.): Beiträge zur hansischen Kultur-, Verfassungs- und Schiffahrtsgeschichte, Hansische Studien X, Weimar 1998.
Zantvliet, Kees: Mapping for Money. Maps, plans and topographic paintings and their role in Dutch overseas expansion during the 16th and 17th centuries, Amsterdam 1998.
Zweig, Stefan: Magellan. Der Mann und seine Tat, Frankfurt/M. 1983.